鎮魂歌《レクイエム》

REQUIEM

堀慶末

Hori Yoshitomo

インパクト出版会

鎮魂歌

目次

第二部

煉獄の扉

第一部
僕の罪

はじめに

僕は二〇一五（平成二十七）年四月初旬に、元刑務官が闇サイト事件（以下、千種事件）について書いた書籍を読みました。僕自身が受刑者ということもあって、刑務官だった方がいったいどんなふうに事件のことを書いたのだろうと、気になったからでした。

ところが、そこに書かれてあった事件の詳細は、僕にとって概要でしかありませんでしたし、事件の受けとられ方に、報道の恐ろしさや思い込みの恐ろしさなども感じずにはいられませんでした。

そして、余罪（碧南事件・守山事件）が明るみになり、誤魔化しや偽りが必要なくなったいまだからこそ語れることや、語るべきことが、僕にはたくさんあるのだと思い、それを公にするべきか否かを、余罪の裁判がはじまる前にずいぶん悩みました。どの余罪事件も裁判によって隅々まで明らかになるわけではないからです。裁判員裁判でない千種事件でさえそうでしたから、ある程度の想像はつきました。しかし、かといって明らかにならないことを被害者様や御遺族様への手紙に書くというわけにもいきません。

他方で、余罪の露顕によって全貌が明らかになってきたとはいえ、いまだ謎に満ちたまま残されたことが多く、殊に千種事件においては、余罪の露顕によって行動や行為などの意味や理解に大きく齟齬が生じてしまっている問題が放置されたままであるということからすれば、僕がすべてを公にすることが、被害者様や御遺族様のためにつながるのではないかという思いもありました。ただ、僕が語ることで周りの家族などに迷惑がかかることも考えられたので、そういうことも踏まえて、本当に公にする必要があるのかどうかを悩み続けていました。

そんななかで、千種事件の共犯者である神田司さんの死刑執行をとつぜん耳にしたのです。

その神田さんの死刑執行によって僕の迷いはふっ切れ、これまで隠してきた事実なども含めて、事件に関わることをできるかぎり書き綴って残そうと決心し、このようなものになったしだいです。ただし、神田さんの肩を持つという意味のものではありません。

また、僕が何を書こうと、途轍もなく重大な罪の結果が変わることもありません。

しかし、神田さんが処刑されてしまったいま、こうして真相を書き綴ることが、僕の責務だと確信しています。

もちろん、これを執筆するにあたっては、事件の被害者様や御遺族様のお気持ちにも思いをめぐらせました。僕がこういうものを書くということは決して気分のいいことではないと思いますし、侮辱的に受け止められるかもしれません。しかし、事件の背景については、もはや僕しか書けないことや、書くことに決して苦しみがなかったわけではないこと、そういう思いを噛みしめながらできるかぎり配慮して執筆した結果が、こういうかたちになったことを、あらかじめご了承ください。

なお、本文には読むにたえない表現があるかもしれませんが、それは僕の拙さによるもので、決して意図的なものではないことをお断りいたします。

また、人物名などにつきましては、一部を除いて仮名を使用いたしました。

序章

生い立ち

一．出生～四歳

一九七五（昭和五十）年四月二十九日、僕は岐阜県の病院で、在日朝鮮人の父と日本人の母の第五子五男として生まれ、生後六ヶ月のころには紫斑病《しはんびょう》と診断されて数ヶ月間、病院ですごしていました。紫斑病とは、血管の障害などにより皮膚に血が滲み出てくる病気で、たとえば切り傷などで出血してしまうと血が止まりにくかったりもします。詳しくはわかりませんが、家族の話によると発症した当時はとても珍しい病気で、医師も手探りのような処置をしていたとのことです。

退院後は定期的な通院が続き、怪我をしないようにということで、僕の近くには絶えず家族の誰かがついてまわり、高所に登ることも、怪我をしかねない遊びもかたく禁じられました。この通院は五、六歳ころまで続き、現在はすでに完治しています。

この一九七五（昭和五十）年ころ、父は数台の大型ダンプを所有していて、父自らも運転業務に従事し、主に陶器の原料となる玉石を港から運んでいました。

一方母は、あまり手のかからなくなった僕を近所の人にあずけ、衣料品を山間《やまあい》の人たちに売って歩く、いわゆる行商をはじめました。人との会話を通して仕事をすることに、母は生きがいのようなものを感じていたようですが、やがて父が手頃な店舗を見つけてきたことで行商を辞めざるをえなくなり、その店舗で喫茶店をはじめることとなります。

喫茶店は近くに町工場やタクシー会社があったことなどから繁盛して、やがて軌道に乗ると金銭的な余裕もできていきましたが、それと引き換えに父が浮気をするようになり、父と母の夫婦喧嘩が頻発するようになってしまいました。それもひどい夫婦喧嘩で、口論の末に父が牛乳瓶を投げつけ、母が口を切って血を流すということが少なくありませんでした。しかしそれでも、DVという言葉がない当時は、近所のちょっとした夫婦喧嘩で済まされていたようです。

四人の兄たちが学校に行っているあいだ、僕は父と大型ダンプに乗っているか、近所の人の家にあずけられているかのどちらかでしたが、しかし父が浮気に走ってネグレクトぎみになった途端、母はすぐに自分の店の近くにある保育園に僕を入園させました。

その後、兄たちの進学に合わせて、僕たち家族は名古屋市内にある父の実家へ引っ越すこととなり、転居後まもなく、母の喫茶店は父によって売却されてしまいました。

二．四歳～十歳――幼稚園から小学校低学年

名古屋に移り住んでからしばらくは平穏な生活を送っていましたが、父が浮気をやめる気配はありませんでした。やがて外泊が多くなって、あげくにはその浮気相手と同棲をはじめてしまい、最終的に父と母は離婚してしまったのです。僕が小学校に入学する直前のことでした。

父の実家に移り住んだ当初、母は日本人ということで父の両親から冷遇されていました。祖父が母の料理（たとえそれが朝鮮料理でも）にいっさい手をつけないということが日常的にくり返され

るほど、祖父母の反日感情は強かったようです。しかし、祖父が病気で亡くなると祖母の反日感情は薄れていき、父と母が離婚するころには、祖母が母の肩を持つほどにまでなっていました。そのおかげで、僕の両親が離婚したあとも、しばらくは父の実家で暮らすことが許され、母はそのあいだ主にホテルの清掃員などをして家計を支えていたようです。

しかし、そんな生活も長くは続きませんでした。

僕が小学四年生になったばかりのころ、父が突然実家を売却してしまったのです。父には多額の借金があったようでした。おそらく喫茶店を売却したのも父の借金が理由だったのだろうと思います。このころにはすでに大型ダンプも手放してしまっていました。

祖母は嘆きました。

詳しい経緯はわかりませんが、戦前か戦中に日本に渡って来た祖父と一緒に苦労を背負いながら、やっとの思いで手に入れた家だったからです。

そして、わるいことはさらに重なりました。父が幼なじみで親交のあった暴力団組長から盃を受けて組員となり、やがて自分の組まで持つようになってしまったのです。

他方、遅くともこのころまでに、次兄を除く兄たち三人は、長兄が先頭に立って外壁工事を主とした請負工事業をはじめていました。のちに長兄は父のもとで組員となり、建築の専門学校を卒業した次兄が、その長兄と入れ代わるようにして二人の兄とともに外壁工事に従事するようになりました。

三．十歳〜十二歳――小学校高学年

父が実家を売却してしまったあと、母や七歳年長の四兄と三人で、同じ名古屋市内にある県営団地へと引っ越すことになりました。小学四年生の夏休みのことでした。ほかの兄たちはこのころまでに家を出て自活していてもんだいはありませんでしたが、僕の父の弟と暮らすことになった祖母は、当然に不満を抱いていたようです。

そして、この引っ越しを境に僕の学力は低下していき、通知表は体育のみが五で、あとの教科は一〜三という成績になってしまいました。

引っ越し先の団地はマンモス団地ほど大きくはありませんでしたが、それでも、子供会が四つも五つもある比較的大きな団地で、僕が通うことになった小学校の児童の大半は、その団地に住む子供でした。

引っ越したときは夏休みでしたので、団地に友人がいなかった僕は、寂しさのあまり自転車で一時間かけて以前の学区まで行き、友人たちと遊んでいました。ただ、夏休み明けの二学期にはすぐに新しい学校に慣れることができたので、それもすぐになくなり、そしてサッカーが大好きだった僕は秋からサッカー部に入って、小学校を卒業するまでサッカーや野球といったスポーツに励みました。長じてから母が、「サッカーをやってるときがいちばん輝いていた」というほど、サッカーには夢中になっていました。

しかし、卒業まぎわにひとつの問題が出てきます。

僕が進学する中学校にサッカー部がないということです。ただただサッカーが好きで、サッカー部の活動がない季節も友人らと団地内のグラウンドなどでサッカーをしていた僕にとって、中学校にサッカー部がないことは死活もんだいに等しかったですし、真剣に転校させてくれと母に懇願することにもなりました。しかし、「うちには引っ越すほどの余裕はない」と、一蹴されただけで、母はまともにとり合ってくれませんでした。

なぜ中学校にサッカー部がなかったのか、はっきりとはわかりませんが、おそらくラグビー部があったからだろうと思います。グラウンドの都合があったのかもしれませんし、単に指導教員がいなかったからなのかもしれません。いずれにしてもサッカー部がなかったことには違いなく、それがのちに非行に走ることになる要因のひとつだった可能性があります。

その後、あまりに落ち込んでいた僕に、母がクラブチームに入ってはどうかと勧めてくれましたが、学校のなかの部活だからこそ熱中していた僕は、あまり乗り気になれませんでした。サッカーさえできればいいということなら、団地内のグラウンドで友人らとボールを蹴ったり、体育の授業などでサッカーをしていれば充分です。

しかし、母に新しいサッカーシューズを買ってもらって元気を出せといわれれば、嫌だとはとてもいえません。

こういう成り行きで、学校が休みの日はバスを乗り継いでクラブチームの練習に参加することとなりました。

四．十二歳〜十五歳――中学生

けっきょく中学では、新設された硬式テニス部に入部。友人らと相談して、新設だから先輩にしごかれることもないだろうということで入部したのですが、筋力トレーニングなどはもともとあった軟式テニス部と一緒。見事にもくろみは外れて先輩たちのしごきを受けることになりました。

勉強はなんとか頑張ってついていきましたが、英語だけはまるきりだめでした。それでも英語の教材だったニューホライズンのカセットを家でくり返し聴いたりして自分なりの努力をし、なんとか四百人中の二百番台後半の成績を保てていました。

教材といえば、中学に入るといろいろと購入しなければなりませんでした。体育で使用する竹刀、美術道具一式、音楽のアルトリコーダー、英語のヒアリングカセットなど、即座に思いつくだけでもこれだけあります。こういう教材を購入する際、母子家庭には補助券が支給され、ほとんどの教材は半額ほどで購入することができました。制服や通学鞄などもそうでしたし、小学校のときにもそういうことは少なくありませんでした。ときには返金というかたちで受けとり、その現金をつい使い込んでしまったことも何度かありました。

そうした補助券を受けとるとき、ほとんどの担任教諭は気づかってくれて、誰もいないところでこっそりと渡してくれることが多かったのですが、僕はそれがかえって憐れみのように感じていて、秘密めいたそんな行動は、クラスメイトたちへの後ろめたさのようなものが伴い、とくに小学校のころは、それが胸の奥でちくちくと痛むほどでした。

中学一年の一学期は刺激的にすぎ去った気がしますが、顧問の教諭がほとんど顔を見せないテニス部の筋力トレーニングのおかげで、サッカーチームの練習に参加することは少しずつ減っていき、夏休みに入ったころにはもう行くことすらめんどうで完全にサッカーの練習に参加しなくなっていました。

そして中学で初めての夏休みに、兄たちが冗談まじりでアルバイトでもするかといったので、僕はテニスの新しいラケットほしさに外壁工事のアルバイトをすることにしました。一日五千円で十日間ほど働いたと思います。重いものは百数十キロもある外壁パネルを二人がかりで運び、ウインチで吊って鉄骨にとりつけていくということをくり返し、ドラム缶を半分の高さに切ってつくった半ドラでモルタルを練ったりしました。そのモルタルを大きなバケツに入れて運ぶのですが、これがとても重く、中学一年の僕の身体《からだ》には非常に無理がありました。このことで夏休みの部活にはほとんど出席できず、二学期の初めころにはめんどくさくなって部活に顔を出さなくなっていました。つまりテニス部は、本当に自分がやりたいことではなかったのだと思います。

そういうなか、同じ団地内に住む三年生の先輩から変形ズボンをもらい受けました。その先輩は小学校時代から仲のよかった人で、僕が中学に入ってからも何かとめんどうを見てくれていたのです。

ただ、変形ズボンをもらい受けたとはいっても、一年生からそれを穿いて登校するほどの度胸はなく、さすがに抵抗がありましたので、その変形ズボンを穿いて登校するようになったのは二年生の一学期になってからのことでした。

変形ズボンといっても生地やポケットが少し違うだけで、一見しただけでは標準ズボンと何ら区別がつかないような、おとなしいものです。そのため、しばらくは友人たちも気づかなかったほどでした。

ところが、ある日の数学の時間に宿題を提出する際、小島教諭にズボンがばれてしまい、その授業後に生活指導室へ連れていかれました。

相当に叱られるのだろう。

そう思っていましたが、実際にはそれだけでは済みませんでした。

小島教諭は生活指導室に入ると、内側からドアを施錠してすべての窓にカーテンを引き、そして向き合った途端、つき飛ばすように僕を蹴り飛ばしたのです。立ちあがっては蹴り飛ばされ、立ちあがっては蹴り飛ばされ、そのたびに壁やテーブルに叩きつけられました。スチール製のロッカーや出入り口のドアに叩きつけられました。最初は自分がいけなかったのだと思っていましたが、大きな衝撃音が響くと小島教諭はドアから顔を出して廊下をうかがっていたりしたので、そんな教諭の行為に陰湿さを感じていき、途中からは憎しみを噛みしめていたことを、いまでもはっきりと覚えています。小島教諭が覚えていなくても、僕はこのときのことを決して忘れません。あれは明らかな体罰でした。身体中に痣が残ったほどでした。

その後、母が学校に呼び出されました。母は小島教諭に頭を下げ、脱いで置いてあったズボンを僕に叩きつけながら叱り、ジャージ姿の僕を引き連れて目尻を押さえながら校舎を出て帰宅しましたが、僕は暴力をふるわれたことを、母に話しませんでした。絶対に話すなよと小島教諭から厳しくいわれていたからです。

その日を境に僕は非行に走りました。

何か夢中になれるもの、たとえばサッカー部があればおそらく非行に走ることなどなかったでしょうし、もっとまっとうな学校生活を送っていたのかもしれません。これだけはいまでも本当に残念に思っていますが、非行に走ったことで出会えた人たちもいるので、それはそれでよかったのかもしれないとも思います。

たとえば、少年係の緒方という警察官もそのうちの一人です。

何をやって補導されたときのことかは覚えていませんが、夜中に事情聴取されたあと、身柄引受人の母へ連絡がいったときのことでした。母が怒ってなかなか迎えにきてくれなかったのですが、そのときに緒方さんが、「お前のところはまだマシなほうだから、あまり親に迷惑をかけるな」といってくれたのです。それで改心すればよかったのですが、そのときの僕は緒方さんの言葉の意味を深く理解せずに聞き流してしまいました。

ようやく迎えにきた母が警察署のロビーで、「もうどこでもいいから出られないようにしてください！」と叫んだのをなだめたのも緒方さんでした。

その日は夜中だったこともあり、あらためて調書を取るから出頭してくれといわれて帰宅したのですが、後日その調書（当時はすべて手書きでした）を取り終えたのがちょうど昼どきだったため、緒方さんが「おい、堀、昼めし食べに行くか」といって近くのうどん屋に連れて行ってくれたことも印象的な出来事として記憶しています。僕生活や学校生活のことなどを熱心に聞いてくれました。

まるで昔の刑事ドラマのようですが、当時、緒方さんのように真剣に話を聞いてくれる大人は僕の周りにはいませんでしたし、緒方さんがいなかったらもっと荒れた中学校生活になっていたのかもしれないことを考えると、僕にとっては大きな存在だったと思います。

ただ、もっと緒方さんの話に耳を傾けていれば……。

あれは中学二年の一学期、校外学習で県内の山地へ出かける前日のことでした。

当時、僕は他校の女子生徒との交際に夢中で、毎日のように彼女の学区まで遊びに行っていたのですが、その日は校外学習の前日ということもあって自宅でおとなしくしていました。それがかえって悪い事態を招いてしまい、何が原因だったのかはっきりとは覚えていませんが、自宅のある団地内で、友人らと一緒に広田という見知らぬ他校の不良生徒を見つけて暴力をふるってしまったのです。リンチという言葉が思い浮かぶかもしれませんが、それほど陰惨な暴力だったわけではありません。

しかし、このことは翌日には学校や保護者たちに知られることとなり、暴行をおこなった僕と友人たちは、校外学習の初日に、教諭が運転する車で帰宅しなければなりませんでした。

帰宅した僕は待ち構えていた母に怒鳴られ、すぐに母と二人で広田の家へ行って広田とその両親に謝罪。広田の父親から「お母さんに心配ばかりかけるんじゃないっ」と、一喝されて、なんとか警察沙汰にならずに済みましたが、後日、学校ではこのことで話し合いがおこなわれ、担任である戸部教諭が保護者として呼び出されていた僕の四兄に、日ごろの素行の悪さを嘆きました。

そして戸部教諭は僕に、「もう学校に来るな」といったのです。いまは戸部教諭にそんなことをいわせてしまった僕がわるかったのだと思っていますが、当時は担任のその言葉でむきになり、翌日から登校せず、自宅と同じ団地内にある先輩グループの溜まり場で日がな一日をすごすようになってしまいました。

広田の件は終わったわけではありません。

じつは広田が通っていた学校はかなり荒れていた学校で、広田がその学校の生徒だと知ったときからマズイと思ってはいたのですが、頭のなかで描いていたことがある日の夜にそのまま現実となったので、広田の不良仲間三人が僕の家に押しかけてきたときはさすがにたまりませんでした。そのとき家にいたのは僕と祖母だけでしたので、どうしようかどうしようかと必死に考え、そしてベランダから逃げることを思いつきましたが、自宅が四階だったので飛び降りるというわけにもいきません。そこでまずは先輩だなと思い電話をかけたところ、すぐに行くといわれたので待つことにしましたがなかなかこない。そのあいだも三人組が早く出てこいといいながらドアをばんばん叩いてくるので、もう限界だなと感じて仕方なく家を出て広田の不良仲間三人に捕まってしまいました。

坊主頭の目がぎょろりとした久我というのがリーダー格で、玄関を出るとその久我にがっちりと肩を組まれ、「やってくれたな堀」と、中学生とは思えないような低い声でいってきました。

久我たちはそれぞれ盗難車と思われる原付バイクできていて、僕は久我の後ろに乗せられました。もちろん逃げることもできたのですが、仮に逃げることができたとしてもまたいつか捕まるはめになるのだろうと観念し、先輩たちが駆けつけてくれるのを願いました。もうそれしかないというくらい願っていましたがけっきょく間に合わず、僕は久我たちの溜まり場に連れて行かれることになってしまったのです。

僕が連れて行かれたのはマンションの空き部屋で、久我がろうそくに火を点けるとゴミの散らかりようから、もうずいぶん使われていない一室だとわかりました。

――ここでリンチか。

嫌でもそんなことが脳裏をよぎり、末路は容易に想像できました。

ところが、久我はリンチなどという卑怯なことはせず「タイマンでどうだ」といったのです。それで少し救われた気がしましたが、どちらにしても三人を相手にしなければならないのは変わらないのかと思い、緊張と不安で背なかを氷のようなものが滑り落ちていきました。一人ならともかく、三人に勝てるような自信などありません。

久我の言葉に僕は黙っていました。さらに「どうするんだ」といわれても黙っていました。情けないですが、そうすることしかできませんでした。

そこで、どうやら久我の気持ちが変わったようです。

「もうやめた」

久我のそのひと言がどれほど有り難かったことか。おそらく久我は、やる気を削がれたのだと思います。

その後、久我が一斗缶に入ったシンナーを持ち出してきて、僕たち四人はシンナーを吸引しながら仲を深めていきました。僕がシンナーを覚えたのはこのときで、久我たちがジャケット（ビニール袋）の持ち方やシンナーの吸い方を教えてくれました。

そして、シンナー遊びをしたあと、僕は久我の家に連れて行かれて、彼の部屋で翌日の昼近くまで眠り、原付で送ってもらって帰宅ということになったのです。

それで広田の件は片づいたのですが、僕は先輩に連絡したことをすっかり忘れていて、まさか自宅で大変な騒ぎになっているなどと思いもしませんでした。

僕が玄関のドアをあけて部屋に入ると、猛烈な勢いで母が出てきて、「もう少しで警察に連絡するところだったじゃない！」と、母は疲れきった表情で怒鳴りながら涙を浮かべました。さすがにそのときは母を泣かせてしまったことに、胸のなかで何かが破裂しそうでした。

どうやら僕の友人や先輩たちだけでなく、僕の兄や兄の友人たちも真夜中にずっと久我たちの学区で僕のことを捜してくれていたとのことで、大変な迷惑をかけたようです。

僕は帰宅後すぐに先輩のところへ行って謝ったのですが、詳しい事情を説明すると、「呑気にシンナーなんか吸いやがって！」と殴られ、けっきょく痛い目に遭うこととなり、それでようやく広田の件は何もかもすっかり終わってくれました。

不登校がはじまってしばらくしてからの夏休み、兄から「ぶらぶらして遊んでるだけなら仕事を手伝え」といわれ、以前にもアルバイトしてだいたい仕事の感じがわかっていたので、ふたたび外壁工事を手伝うことにしました。それは夏休み中ずっと続き、さらには二学期、三学期も続きました。そして、このころから重いものを持ったりして腰に負担をかけたことが、のちにたびたび腰痛を引き起こす原因となってしまいます。

働きはじめた当初は三人の兄のもとでアルバイトをしていましたが、数ヶ月後には次兄が独立し、人手がほしいといわれたので、僕はしばらく次兄のもとで働くことになりました。そしてこのとき、碧南事件の共犯者である真山輝雄と知り合ったのです。

真山は鹿児島県で育ち、中学卒業後に鹿児島市内にある一年制の専修学校木工課——いわゆる職業訓練校に入って一九八六（昭和六十一）年に卒業し、その後、真山の兄が名古屋で働いていたことから、真山自身も名古屋に出て働きたいと考え、彼は木工所に就職しました。ところが、同僚から接着用ボンドを頭からかけられるといういじめなどを受けるようになり、数ヶ月で会社を辞めて一度は鹿児島へ戻ることとなったようです。その後、兄の紹介でふたたび名古屋の会社に入り、いくつかの会社を転々としたあと、友人の紹介で僕の次兄のところで働きはじめました。これが僕と真山が出会った経緯です。

兄たちのもとで長くアルバイトをしていると使える金銭も増えていき、友人らとカラオケに行ったりシンナーを買ったりして散財するようになってしまいました。多いときには中学生にもかかわらず、財布に三十万円近い現金を入れていたこともあったほどです。ビールなどのアルコールもこのころ兄たちから教えられ、ときにはスナックなどへついて行き、バーボンをコーラで割って飲んだりもしていました。

中学三年になってもそういう生活は続き、働いて遊ぶ、働いて遊ぶ、そのくり返しでしたが、修学旅行前のある日、とつぜん二年生のときの担任である戸部教諭から連絡があって、「そろそろ学校に出てこないか」といわれました。戸部教諭が学校にくるなと口にした手前、ほかの教諭（三年生時の担任）に連絡してもらうことができなかったのかもしれません。そしておそらく、修学旅行のことがあったから連絡してきたのだろうと思います。

僕はその連絡を受けて、修学旅行のあとから登校すると約束しました。

なぜ修学旅行のあとだったかというと、アルバイト先である兄のところ（このころは次兄のところから三兄や四兄のもとに戻っていた）と、その兄たちの取り引き先の会社との合同の慰安旅行（グアム）が重なってしまったからでした。つまり、単に海外へ行ってみたいという理由で修学旅行より慰安旅行を選んだのです。これはその後、いまに至るまで後悔のひとつとなっています。

確かな記憶はないものの、中学三年時の通知表を見るかぎり、九月からふたたび登校をはじめたことになっています。しかし、三年生ともなると、大半が受験をひかえているため、僕は別室登校となりました。学校に来るなといったり、そろそろ学校に出てこいといったり、あげくに別室登校とはどういうことだと自分勝手な怒りが込み上げましたが、他方で登校できることに嬉しさを感じてもいました。

その後、数日で別室登校は解かれ、授業の邪魔をしないという約束のもと、教室に戻ることを許されました。約束は守ったと思います。

しかし、よほどのことがないかぎり教員たちが何もいわないことを逆手にとって、学校の秩序は少しずつ崩壊していきました。もっとも、僕が登校を再開したときには、すでに崩壊しかけていたのですが。

教室で、廊下で、下駄箱のある土間で、部室で、体育館でタバコやシンナーを吸い、服装や頭髪は乱れに乱れていきました。そしてその代償として、学校内で不審なことが起こると僕や友人らのせいにされるようになっていきました。たとえば保健室のベッドわきに使用済みの避妊具が落ちていたこと、たとえば誰それの現金がなくなったことなど、ひどいときには僕が登校していないときに起こった出来事（教員の車のガラスが割られていたこと）を僕のせいにされたこともありました。

卒業文集では、当時の校長が次のように書いています。

「今年は服装・頭髪・行動など守れなかった者が例年より多く、後輩のために心配しています」

卒業文集にこれを書かざるをえなかったことを考えると、ほんとにいまさらですが、相手に迷惑をかけていたのだなと申しわけなくなります。

学校へ行かなかったのか、行けなかったのかということは別として、ろくに学校へ行かず、学ぶべきことを学ばず、他の生き方を選択する機会を失ったことはとても残念だった気がしますが、ただそれでも卒業式には担任教諭が、「人に迷惑をかけずに、しっかり頑張りなさい」と、声をかけてくれたので、なんとなくそれだけは救いだったのかなと、いまとなっては思います。

五．十五歳〜十八歳

僕は中学卒業後、電車で三十分くらいの高校に通うことになっていました。高校とはいっても定時制で、勉強などろくにしていなかった僕でも入れるようなレベルです。昼間は兄たちに頼まれればアルバイトをしていましたが、たいがい学校が終わってから夜中まで遊んでいたので、アルバイトをするより、学校へ出かける時刻ぎりぎりまで寝ていることのほうが多かった気がします。

もう少し学校生活を楽しみたいという理由だけで進学した高校は、入学してみるとほかの中学の知り合いばかりで新鮮味がなく、一学期の途中には学校を辞めてしまっていました。気持ちのどこかに、勉強などしなくても兄たちのところで働けば生きていけるという思いがあった感じがします。だからこそ迷いなく辞められたのだろうと思います。

僕が学校を辞めたのとほぼ同時に、四兄が独立して一人親方で仕事をはじめたので、僕はその四兄のもとで働くことにしました。

しばらくすると友人である光輝から仕事を世話してくれないかと相談されたので、四兄に話して同じ職場で働くことになりましたが、それを境に僕と光輝は仕事のあとなどに地元のスナック（同級生の親が営む店など）に入り浸るようになり、僕はスナックで働いていた三歳年長の香澄《かすみ》と知り合って、しばらくすると彼女との交際がはじまりました。僕が十六歳〜十七歳にかけてのことです。

その後まもなく香澄のお腹に僕の子を授かり、僕は母の反対を押しきるような形で結婚を決意しました。香澄の両親はまったく反対せずに理解してくれたようでした。僕の仕事と香澄の父の仕事が同じ業種だったことがよかったのかもしれません。とにかく香澄の両親は僕を可愛がってくれました。子供の出産予定日は、僕が十八歳になる直前でした。

香澄は目がくりくりっとした小柄な可愛い女性で、僕は彼女の弾けるような笑顔と優しくて陽気なところが好きでした。僕がそんなふうに好意を抱いていたところ、彼女から逆に好意を打ち明けられて交際というかたちになったわけですが、じつはこの交際にはひとつだけもんだいがありました。僕の友人である光輝も香澄のことを気に入っていたのです。僕はそのことを光輝から聞かされて知っていました。知っていたので、ある意味、彼を裏切ったようなかたちになり、夜も眠れないほど悩むことになってしまいました。

そんな矢先に光輝から晩めしを食いに行かないかと誘われたので、殴られてもいいからこの機会に香澄とのことを話さなければいけないと、僕は肚をくくりました。

光輝と行った店はちょっとした小料理屋で、彼の話ではとにかくフグが美味いということでしたが、僕には話すことがあったので食欲などありません。

そして、ある程度の料理が運ばれてきてから、僕は言葉につかえたりして光輝に香澄とのことを話しました。その瞬間の光輝の顔はいまでも鮮明に覚えています。無理に平静を装っているのはわかりすぎるくらい明らかなのに、それでも何でもないようにふる舞おうとする光輝を目にしていると胸が苦しくなり、自分でも驚くほど自然に「ごめん」と、言葉が出てきました。

光輝が許してくれたのかどうか、はっきりとはわかりません。ただ、その後、彼はすぐにある女性と交際をはじめたので、それなりに割り切ってくれたのだろうと思います。

母が僕の結婚を反対したのは、なにも香澄のことを嫌っていたとかそういうことではありません。原因はこの僕にありました。学校に行かず、ろくに勉強もしていない中途半端な僕が香澄と子供を養っていけるわけがないと考えるのは当然のことです。ただし、これはあくまで結婚に対してのことであって、香澄に子供を産んでもらうことまで反対されていたわけではありません。

そんな母でしたが、結婚が決まってしまうと何から何まで僕をさし置いて香澄と二人で決めてしまい、香澄が自分の実家を出て僕と母のところで暮らすようになると（このころ、すでに四兄は結婚して実家を出ていた）、母は香澄を自分の娘のように可愛がっていろんな世話をやくようになりました。もしかすると、それは単に僕が頼りなかったせいなのかもしれません。いずれにせよ、母のおかげで僕はとても助かり、ほとんど以前と変わりない生活をすることができていたのです。

この十七歳のころ、長兄を除く三人の兄たちが資金を出し合って有限会社を設立し、母が事務員、僕も会社員となりました。もちろん次兄のもとで働いていた真山も、僕と同じように会社員として働くようになりました。

そしてしばらくすると取締役である次兄が新事業をはじめ、独立を前提に手伝ってくれないかといってきました。僕が四兄と仕事上のことで喧嘩し、自棄《やけ》になって会社を辞めるといってしまった直後のことでした。このころ腰痛が悪化し、整形外科で治療を受けながら仕事をしていたことも、僕が会社を辞めようとした理由にありました。医師からは、将来的なことを考えると重いものを持つような仕事は避けたほうがいいといわれていたのです。

おそらく次兄は、出産をひかえた僕たち家族のことを案じて、仕事のことを提案してくれたのでしょう。冷静になって考えてみれば、まだ十代だった僕は外壁工事以外の仕事をしたことがなく、先のことなどまったく何も考えていませんでした。子供が産まれるというのに、まったく無責任な話です。

次兄の申し出を断る理由などありません。兄弟だからといってつらくあたる四兄と一緒に仕事をしなくて済みますし、将来的には収入が増えることが確実だったからです。それに、外壁工事に変わりはないものの、新事業は扱う建材がそれまでのものと比較にならないほど軽いものだったので、腰がわるい僕でも一人で作業ができるというメリットもありました。

このように僕の生活も周りの家族の生活も少しずつ変化していきましたが、何もかも順調というわけにはいきませんでした。

　ある日とつぜん、香澄が妊娠中毒で体調をわるくし、一時は母子ともに生命が危険な状態になってしまいました。そのため、市民病院から設備のととのった大きな病院へ救急搬送され、それでなんとか命をとりとめて、帝王切開で出産することになったのです。

　もともと香澄の産道にはもんだいがあり、帝王切開での出産は避けられなかったので、そこは心の準備ができていましたが、数ヶ月早く生まれてきた長男は僕の両手に収まってしまうくらい小さく、透明な保育器のなかの小さな小さな長男に巻きつくような心電図のコードや点滴の針などはとても痛ましく感じて、たまらず胸がしめつけられました。

　長男はとくに異状は見られず、香澄も二週間後くらいには元気に回復して退院することとなり、長男がある程度成長するまで、冷凍させた母乳を香澄や僕の母と週に一度のペースで病院へと運びました。そしてようやく自分たちの手に長男が戻ってきたあと、実家と同じ団地内に部屋を借りて新しい生活がはじまったのです。

　何もかもが順調で、何をしてもうまくいっていました。この上ないほど幸せでまっとうな生活でした。そんな十八歳の年でした。

　そしてその年の会社の忘年会で、コンパニオンとして訪れた三歳年長の杏子《きょうこ》という女性と意気投合し、何度か食事などを重ねた上で男女の関係になりました。

　ただ、僕は最初から妻子があると話してあったので、関係はそれほど長く続かず、香澄との夫婦仲がわるくなることもありませんでした。

　ただし、僕のその浮気を母と香澄が調べ上げていて、母からは散々に叱られるはめになりました。おそらく母は、父にひどい目に遭わされた経験があったからこそ、僕にきつく叱ったのだろうと、いまとなっては思います。

　このときの浮気相手である杏子は、千種事件のときに同棲していた女性ですが、彼女については後に語ることになるので、ここでは割愛することにします。

第一章

碧南事件

一．事件の概要

一九九八（平成十）年五月ころに借金などの返済に困り、パチンコ店に押し入って強盗することによりその金員を手に入れようと考え、職場で知り合った阿藤浩（事件当時二十二歳）と真山輝雄（事件当時三十歳）を仲間に誘い入れた。

その後、松森和男さん（当時四十五歳）が勤めるパチンコ店「平進会館」の下見等をおこない、和男さんの自宅で彼を待ち伏せ、店の鍵などを奪って店内への入り方などを訊きだした上で、同店の売上げ金を奪おうと計画した。

そして、一九九八（平成十）年六月二十八日に決行することになったが、和男さんとその妻である聡恵さん（当時三十六歳）を犠牲にしてしまった上に、和男さんから奪った鍵も店舗の錠と合わなかったため、目的を遂げることができなかった。

二．犯行までの生活状況等（犯行に至る経緯）

長男が生まれた翌年の平成六年、十九歳のとき、僕は「ヨシトモハウス」という屋号で兄たちの会社から香澄の弟と二人で独立することになりました。義弟はもともとガソリンスタンドで社員として働いていましたが、待遇に不満を持っていたので僕が一緒に仕事をしないかと声をかけて、仕事を覚えてもらうために数ヶ月前から兄たちの会社で働いてもらっていたのです。

独立とはいっても、仕事は主に兄たちの会社から請負うものばかりだったので、専属の下請けでしかありません。つまり仕事は黙っていても入ってきたのです。

作業は主に一般住宅の外壁工事で、四十坪前後のよくある建売りの場合だと工期はだいたい一週間ほど。受けとる工賃は仕様によってまちまちでしたが、平均すると二十五万円くらいでした。一ヶ月の売上げにすると、締め日の絡みもあるので大きく差があり、多いときで二百万弱、少ないときで五十万〜六十万円くらいでした。ちなみに、僕が受けとる工賃は張り手間代だけで、材料費などは入っていません。

独立して最初の月の売上げは約百三十万円あって、義弟の給料やその他の経費を引くと、約九十万円の準利益が残り、そのまま香澄に渡すと、彼女は目を丸くして驚いたことを現在もはっきりと覚えています。さらにその翌々月くらいには百八十万円の売上げがありました。独立したばかりでありながら上々のすべりだしだったと思います。

数字だけを見ると儲かる仕事だと思われるかもしれませんが、現場によっては陽が昇る前から始業して夜中まで働くことがありましたし、身体を酷使する上に休日も休まず働いてようやくその売上げなので、決して楽な仕事ではありません。

僕は十歳のときにバイクの免許を取得していましたが、もろもろの違反ですぐに免停となり、その免停中に運転して三回捕まったことで免許取消し処分を受けてしまいました。さらには、二十歳《はたち》まで運転免許を取得することができなかったので、普通車の運転免許も自分の車も持っていませんでした。それで独立したばかりのこの当時は義弟の車を仕事で使用させてもらっていたのですが、ある日に現場へ向かう途中で接触事故を起こしてしまったため、いつまでも車を使わせてもらうわけにはいかないと思い、急遽ワンボックス車を購入することにしました。

ところが、契約段階になって僕ではローンの審査に通らないと判明したので、兄たちの会社名義で約百三十万円のローンを組ませてもらい、毎月の支払いは僕が請負った工事の代金から引いてもらうことになりました。

独立してしばらくすると、香澄のお腹に次男を授かりました。平成七年、僕がちょうど二十歳になったばかりのころのことでした。

これを機にワンボックス車をもう一台手に入れて、僕と義弟でそれぞれ現場を持つことにしました。手に入れた二台目のワンボックス車は百八十万円くらいの中古で、このときも僕は兄たちの会社名義でローンを組み、数ヶ月間は二台分のローンを支払うことになったのです。

このころになっても僕は運転免許を取得していませんでした。教習所に通う時間がありませんでしたし、いまさらめんどうだという気持ちもあったからです。もし違反などで捕まるようなことがあったら、義弟の名前を使って免許不携帯で通せばいいと考えていました。僕と義弟は同い歳なので、年齢に無理はありません。

そして、同じころのある日、兄たちの会社から独立していた親しい男性に、「知り合いが新規オープンしたキャバクラで働いているから、よかったら一緒に行かないか」と誘われました。ちょうどその日は工賃の支払い日でもあったので、僕は義弟を連れてそのキャバクラに行きましたが、それがきっかけとなってその店へ頻繁に通うようになってしまいました。目あての女性がいるにはいましたが、どちらかというと店の雰囲気が気に入って遊びに行っていた感じです。当時は、これが破滅へ向う第一歩だとは思いもしませんでした。

さらに、その店とはべつに、自宅近くにあったスナックにも入り浸るようになっていました。そこに勤めていた離婚歴のある子持ちの芳江という十歳年長の女性に好意を抱き、やがて彼女との交際がはじまりました。

芳江はいつも元気がよく、てきぱきと働き、闊達という言葉がぴったりな女性でした。自分の意見を曲げない頑固さのようなものはありましたが、それは三人の子供を一人で育てていた彼女ならではの芯の強さでもあったと思います。そして芯が強いからこその優しさが芳江にはありました。

芳江は僕が既婚者であることを知っていて、妻である香澄とも面識がありましたが、芳江には芳江の考えがあって、むしろ香澄のことも子供のことも心配してくれましたし、当時、彼女の子供は上から中学一年の長男、小学六年の長女、小学四年の次女という育ち盛りにあったので、本当は僕の浮気になどつき合っている暇なんかなかったのだと思います。だから交際がはじまっても芳江は自分の生活を優先していました。そして交際をはじめた当初、彼女は熱が冷めれば家族のところへ戻っていくだろうと僕のことを考えていたようです。三人の子供たちと団地で暮らす芳江には、そうすることしかできなかったのかもしれません。僕と芳江の関係は姉弟のようでもあり、僕の逮捕後、彼女は捜査員にこのように話しています。

「弟のように可愛がっていた」と。

僕は最初から芳江に恋焦がれるようなものがあったわけではありませんでした。僕は末っ子でほんとに甘やかされて幼少をすごしたので、ことあるごとに心情を丁寧に汲みとってくれるような芳江のその優しさに心を惹かれていったのです。妻の香澄が子育てに追われ、まだ幼い長男や次男にかかりきりになっていたので、余計に芳江の優しさに惹かれたのかもしれません。そして、香澄や子供たちのことを、すぐ近くに住んでいた母に任せきりにしてしまっていたことも、浮気に走ってしまったひとつの要因だったと思います。つまり寂しかったから芳江に甘えたのでしょうし、結婚する前に母が危惧したとおり、まだまだ大人になりきれていなくて、自覚が足りなかったのだろうと思います。

次男が生まれてしばらくすると、僕は香澄に毎月生活費を渡し、残った工賃のほとんどを飲み代や芳江との交際費に充てるようになりました。飲み屋へはだいたい義弟も連れて行ったので、少なくとも毎月二十数万円、多いときは六十万円くらいの金銭を飲み代に使ってしまうこともありました。これは中学時代から多額の現金を持ち歩いて散財していたことが多分に影響していたと僕は思っています。

このころ、仕事を教えてやってくれと次兄にいわれ、ちょうど人をあずかっていました。それが碧南事件や守山事件の共犯者、阿藤浩です。

僕と義弟と阿藤で週に二、三回キャバクラに行っていれば、それだけで飲み代は月に軽く二十万円を超えてしまい、その上、芳江が勤めるスナックに入り浸っていれば、少なくとも三十万円～四十万円は消えてしまいます。とくにこのころの阿藤はキャバクラにはまっていて、せがまれると断わりきれないので、僕も調子に乗って飲みに行ってしまうことが多く、そういうときはたいがいオープンラストで十万円近い金銭を使ってしまっていました。

阿藤については、このあたりで詳しく書いておきます。

阿藤は群馬県で生まれ育ち、中学卒業後は魚屋に就職したようですが長続きせず、魚屋を辞めて東京の音楽専門学校に入学しました。しかし彼は喧嘩に明け暮れるような生活をし、殴り合いの末に右手を痛めたことでミュージシャンになるという夢をあきらめ、群馬に戻ってチーマーグループに入ってしまいました。そこで小遣いをもらいながら覚醒剤の密売に手を染めたようです。その後、暴力団組員の先輩とトラブルになったため名古屋にいた先輩のもとに逃げて、その先輩から一人親方で建築関係の仕事をしていた人を紹介されました。その紹介された人が僕の次兄のもとで下請けとして仕事をするようになり、僕が阿藤をあずかることになったのです。

僕と芳江との仲は深くなる一方で、彼女と一緒にいたかったことや、このころちょうど腰痛が悪化していたことなどから仕事を義弟に押しつけることが多くなっていき、やがて僕は外泊をするようになってしまいました。そして自分が男ばかりのなかで育ったので、女の子の子供がほしかった僕は、芳江の子供らと仲を深めて五人で一緒に食事をしたり遊びに行ったりすることが増えました。そのころ、妻である香澄への愛情が薄らいでいたことを認めないわけにはいきませんし、当時の僕は、自分の父親とまるきり同じことをしていることにすら気づいていませんでした。

そしてとうとう一九九六（平成八）年から九七年ころのある日、大きなスーツケースに衣類を詰め込まれて、僕は香澄に家を追い出されてしまったのです。当然の帰結だと、いまは思います。これは長男が三歳、次男が一歳くらいのときのことでした。

このときのことは、碧南事件の捜査で事情聴取された香澄が、「家から追い出せばそのうち頭を冷やして戻ってくると思った」と捜査員に話しています。

そんなことを知らない当時の僕はむきになり、兄たちの会社で寝泊まりするようになりました。

朝食はコンビニ、昼と夜は外食をして、夜は飲み歩くという生活をしながら浮気を続け、仕事はそこそこしかしていませんでした。ちなみに風呂はスーパー銭湯で、洗濯はコインランドリーで済ませていました。

香澄に生活費を渡しながら——渡さないことのほうが多かったですが——そんな生活をして遊びまわっていれば、そのうちに金銭的に足もとが覚束《おぼつか》なくなるに決まっています。冷静に考えれば誰でもわかりそうなことでした。しかし、少しまとまった金銭を稼ぐようになっていたことで、すでに感覚が麻痺してしまっていて、金など働けばすぐどうにかなると思っていました。実際なんとかなっていました。

もちろん、それは長くは続かず、とうとうクレジットカードのキャッシングを利用するようになり、カード類が限度額まで達してしまうと、消費者金融で借金をするようになりました。

その時代もよくありませんでした。ちょうど自動契約機がどんどん設置されはじめた時代だったのです。

そして徐々に二日酔いや仕事の疲れから義弟だけに作業をさせることが増えました（このころ阿藤はすでに自分の親方のもとに戻っていた）。さらにしばらくすると芳江の家で寝泊りすることが多くなり、やがて自分の衣類などを少しずつ彼女の家に運び込んで、とうとう芳江と一緒に生活するようになりました。

このころになると仕事をしないことのほうが多く、見かねた次兄から、義弟のぶんの仕事は本人に直接まわすことにするといわれてしまいました。それは僕の収入が絶たれるということでもありましたが、自分がわるいことは明らかだったので文句などいえるわけがありません。

収入が絶たれてしまうので働かなければいけませんが、次兄から仕事をもらうのはきまりがわるいため、僕は同業の知り合いのところで働くことにしました。収入は激減です。しかし、金遣いの荒さは相変わらずで、借金の返済に充てる金銭も飲み代などに使ってしまうようになり、仕事をしなくても芳江のおかげで生活はできるため、徐々に働かなくなっていき、あげくの果てには、遊ぶ金ほしさに芳江の財布から現金を抜くようになりました。妻である香澄のもとには、金融会社から督促状が届いていたようです。

そして、そんな生活を送っていた平成十年五月ころ、芳江の家にとうとう次兄が怒鳴り込んできました。僕が車のローンに充てる金銭を兄たちの会社に払っていなかったので、無理もありません。僕と芳江が外出しているときのことで、家には芳江の子供たちしかいませんでした。

芳江の子供にそのことを聞かされた僕は、慌てて兄の会社まで行って話をしました。このころ三人の兄たちは給与のことなどでもめていたらしく、僕が顔を出したときには会社が分裂したあとだったようです。次兄は一人で会社に残って下請けを使いながら細々と仕事をし、三兄は真山ともう一人の社員を連れて一人親方で仕事をはじめていました。四兄はいちど外壁工事をやめて、父とインドネシアで海老の養殖をはじめるために現地で会社を設立しましたが失敗に終わり、けっきょく彼も一人親方で外壁工事をはじめたところでした。

けっきょく次兄との話し合いは、六月末まで待つのでローンの残金百数十万円を全額払えと一方的にいわれて終わりました。その時点で支払い期日までひと月くらいしかありませんでした。

普段温厚な次兄が激怒した姿を目のあたりにした僕は焦りました。僕のだらしのない生活や責任感のなさに相当な怒りを感じていたはずです。なんとか金策をしなければいけませんでしたが、百数十万円もの大金を貸してくれそうな人など見当もつきませんでしたし、それだけの借金をさせてくれる金融会社もなく、幼いころから甘えて育ってきた僕はただただ焦燥感を煽られ、まんじりともしない夜を何日もすごすことになりました。体裁がわるく、素直に芳江に相談することなどできませんし、彼女にどうかできることでもありません。芳江から次兄が怒鳴り込んできた理由を訊かれたときは、仕事のことだとかなんとかいって適当に誤魔化していました。

妻の香澄には負い目があってなおさら相談などできません。

必死に働くしか道はなかったのかもしれませんが、さし迫ってくる期日に冷静さを狂わされたようでした。そして、とにかく短期間で百数十万円をつくらなければいけないという気持ちが犯罪に手を染める自分を想像させ、頭のなかで具体化していきました。最初はひったくりなどが漠然と頭に浮かんだだけでしたが、このころよくパチンコ店に出入りしていたので、すぐにパチンコ店の強盗へと結びついていき、僕は行動することにしたのです。

まずは芳江が出勤した夜に、それまで出入りしたことのないパチンコ店の下見をしようとしましたが、まさに行動しようとしたそのとき、急に恐怖心や心細さのようなものを感じて、一人で実行するのは難しいかもしれないと思うようになり、ふと阿藤のことが脳裏をよぎりました。何かトラブルに巻き込まれて群馬から逃げてきた人間だと次兄から聞いていましたし、阿藤本人からは人を殴り殺したことがあると聞かされていたからです。後者はのちに警察から、本当は阿藤の先輩がしでかしたことだと教えられました。つまり阿藤は虚勢を張るために偽っていたのですが、当時の僕は彼から「親戚にも借金をして親が賠償したから済んだ話だ」と聞いていたので、嘘っぽさを感じていましたが、まるっきりの嘘ではないのだろうなと半信半疑のようなかたちで漠然と信じていました。

そういうわるさをしている阿藤なら強盗を手伝ってくれて、もし断られても口外しないだろうと思えたのです。それに彼はこの当時、覚醒剤を使用していて、覚醒剤を無償で分けてくれるような人はいないかと相談されたこともあったので、阿藤も金銭に困っていることはわかっていました。

そして実際に「パチンコ店の売上げを奪おうと思っているんだが、一緒にやらないか」と、強盗の話をして誘ってみると、阿藤はためらうことなく承諾してくれたのです。


僕と阿藤はすぐに計画を練り、閉店後のパチンコ店の事務所に押し入ろうと決めました。そして阿藤に声をかける前に目をつけていた店の下見を二人でしましたが、従業員の出入りが思った以上に頻繁で、閉店した店内に何人の従業員が残っているのかも見当がつかなかったため、その店は断念することとなりました。

その後、数日で何件かのパチンコ店を下見し、とうとう押し入るための道具として、包丁、粘着テープ、ビニールひも、軍手、帽子を用意し実行しようとしましたが、従業員の出入りや様子などが前日と少し違っていたために押し入るタイミングが計れず、ここも断念しなければいけませんでした。ちなみに粘着テープとビニールひもの用途ですが、テープは目隠しや口を塞ぐものでビニールひもは身体を縛るためのものです。決して首を絞めるつもりでビニールひもを用意したわけではありません。そんなつもりならもっと丈夫なロープか電気コードくらい用意していたでしょうし、殺害するつもりなら包丁で充分です。

このパチンコ店の次に目をつけたのが、碧南事件で犠牲にしてしまった松森和男さんの勤め先である平進会館でした。一部の報道では僕が平進会館の客だったとなっていましたが、僕はこの店に一度も入ったことがありません。

平進会館へは、店舗の下見と和男さんの尾行のために少なくとも五回は行っています。

一回目

僕と阿藤は従業員が少なくなった閉店後の店内に押し入ることはできないだろうかと考え、二人で下見をしました。しかし、閉店後の店内から数人の従業員が出てきたのはわかりましたが、店内に残っている従業員の人数まではわからず、けっきょくこのときに知ったのは、従業員が一斉に帰宅するわけではないというくらいでした。そこで僕たちは、閉店作業を終えた従業員がなるべく少なくなったころを見計らって押し入ることにしました。

あとで知ることになりますが、和男さんは店を施錠する際、ドアに付属する錠とはべつに、観音開きのドアの取っ手にチェーンを巻きつけて南京錠をかけていました。しかし、この日、チェーンを巻きつけるような光景を目にしていないので、僕たちが帰宅する時点では、まだ店内に人がいたのだろうと思います。

二回目

僕と阿藤は計画を実行しようとし、以前の道具をそのまま使用することにして平進会館へ向かいました。そして計画どおり何人かの従業員が帰宅したあと、出入り口に近づいて行ってドアをあけようとしましたが、錠がかかっていたので次に出てくる店員を壁に張りつきながら待ち伏せることとなってしまいました。

ところが、しばらくしても従業員は出てこず、表通りから死角になっているとはいえ、長時間の待ち伏せは人目が気になってできなかったので、この日の実行は断念することになったのです。ただ、店内には人がいる雰囲気があったので、近くに停めてあった車に戻って様子をうかがっていました。すると、やがて黒色のクラウンが店の出入り口付近に停まり、ヤクザふうの男性が運転席から降りてきて、なぜか錠がかかっているはずのドアを鍵も使わずに入って行きました。そこで、錠がかかっていなかった理由はどうあれ、僕と阿藤はとにかくいまなら錠はかかっていないので忍び込めると思い、出入り口に向かって急ぎました。

しかし、入って行った男性が内側から錠をかけたためか、ドアはあきませんでした。錠がかかっていなかったのはおそらく、ヤクザふうの男性が到着する直前に和男さんと電話かメールで連絡をとり、店内の和男さんが解錠しておいたのだと思います。店内は薄暗かったので、僕と阿藤はそれを見すごしたのかもしれません。

その出来事のあと、ふたたび車内に戻って様子をうかがっていると、和男さんとヤクザふうの男性が一緒に店内から出てきて、和男さんがドアの取っ手にチェーンを巻きつけた上で南京錠をかけました。このときの動作などから、僕たちは和男さんが店長だと見当をつけました。

南京錠をかけて店の施錠を終えた和男さんは建物の外階段を登って行き、ヤクザふうの男性は車に乗って去ってしまったので、僕たちは悩んだ末に和男さんが降りてくるのを待つことにしました。ところが、しばらく経っても和男さんが降りてくる様子がなかったことから、二階はたぶん従業員の寮か何かになっているのだろうと僕たちは思いました。

そして僕と阿藤はそのような経緯から、ヤクザふうの男性が店内へ入って行った時間帯なら店の錠はかかっていなくて、その上、店内には二人くらいしかいないのだと単純に思い込み、後日あらためて同じ時刻に強盗を実行することにしました。ちなみにこのときの僕たちは、和男さんとヤクザふうの男性が電話などで連絡をとってドアの解錠をしているかもしれないなどと思いもしていません。

そしてこの日の帰りに阿藤から、「店内の人数がだいたいわかったから、もう一人仲間を増やしたほうがいいんじゃないか」ということをいわれ、僕はある男を誘い入れようとしました。ところが、その男は周りから口が軽くてよく嘘をつくといわれていたので阿藤が難色を示し、次に旧知の仲であり阿藤の同僚でもある真山の名前を挙げると、しぶしぶでしたが、阿藤は了承してくれました。

なぜ真山と阿藤が同僚になっていたかというと、阿藤は主に給料のことで親方に不満をつのらせて仕事を辞めてしまい、名古屋に知り合いが少ないことから僕に仕事を世話してくれないかといってきたので、三兄のところなら雇ってくれるだろうと思い、僕が紹介したのです。

僕が真山を強盗計画に誘い入れようとした理由は三つありました。

まず、僕が兄たちの会社から独立する前、給料の前借りが頻繁で、消費者金融からも借金をしてキャバクラなどの飲み屋に通い詰め、さらにはギャンブルにもはまっていたので、金銭に困っているだろうと思っていたこと。

次に、真山は比較的おとなしくて口べたのところがあり、その上、お互いよく知っている間柄でもあったので、もし強盗の誘いを断られても他言しないと思ったこと。

そして三つ目は、僕も阿藤も運転免許を持っておらず、たとえば検問などで警察に止められた場合に困るので、免許を持っている人間が都合よかったこと。

この三つの理由から、後日僕が真山の自宅に行き、阿藤のときと同じように強盗の話をして誘うと、真山も阿藤と同じように、とくに断ることもなく承諾してくれたのです。

三回目
前回ヤクザふうの男性が現われたときと同じ時間帯に、僕と阿藤と真山は平進会館の出入り口から侵入しようとしました。もちろん錠がかかっていないという確信があったわけではなく、あいているかもしれないという程度の気持ちで行動したにすぎません。

そして、当然に錠はかかっていました。僕たちは即座に計画を断念しましたが、ドアにチェーンが巻かれていなかったことからまだ店内には人がいるとわかったので、今後のために様子をうかがうことにして車内に戻りました。すると、やがて数人の従業員が店から出てきて、そのうちの何人かは二階へ上がって行きました。それからまもなく二階の部屋の電灯が点き、窓ぎわに吊るしてある衣類が目についたので、やはり二階は寮だったと確信しました。

店から出てきた数人の従業員のなかに前回見たヤクザふうの男性はいませんでしたが、和男さんの姿はあり、和男さんはいったん自分の車を店の出入り口前に停め、ドアにチェーンを巻きつけてからふたたび車に乗り込んで出かけて行きました。しかし、その後しばらく経っても和男さんは戻ってきませんでした。そして僕たちは平進会館の看板でこの日の翌日である月曜日が店の定休日だと知り、和男さんは自宅に帰ったのだと結論しました。直感のようなものが半分、和男さんの雰囲気や見た目などからの推測が半分といった感じでした。独身という年齢には見えませんでしたし、店長であるならそれなりに身持ちがいいはずなので結婚していてもおかしくはなく、それなら休日くらい自宅に帰るだろうと思ったのです。

そういうことから僕たち三人は、店内に押し入ったり忍び込んだりするより、和男さんを脅して店の鍵や金庫の鍵などを奪った上で、売上げ金を手に入れたほうがいいと話し合って決めて、とりあえず、日曜日に帰宅する和男さんの行動を知るために尾行しようということになりました。

四回目
翌週の日曜日、僕と阿藤で和男さんが店を出る深夜一時ころに平進会館に行って見張りました。なぜ真山がいなかったのかわかりませんが、おそらく尾行に三人も必要ないと僕が思ったのだという気がします。

平進会館を見張っていると、やがて和男さんと女性従業員が店から出てきて、ドアにチェーンを巻いたあと二人は一緒に車に乗り込んで店をあとにしたので、僕たちは尾行をはじめました。

和男さんたちは近くにあるラーメン店に入りましたが、そのラーメン店から出てきて尾行を再開した直後に信号に引っかかって見失い、この日の尾行は失敗に終わりました。ラーメン店を出たあと平進会館の方向へ車を走らせていたことからすれば、おそらく和男さんは女性を平進会館まで送り届けて帰宅したのだろうと思います。

五回目
さらに次の日曜日、阿藤も真山も翌日仕事のため深夜まで尾行するのはつらいということで、この日は僕だけで尾行することになりました。

和男さんはいつもとだいたい同じ時刻に店から出てきて、ドアにチェーンを巻きつけたあと車を走らせました。

片側一車線の道をしばらく走り、やがて広い道路に出ると、僕は尾行がばれないようにとスピードを上げ、いったん和男さんを追い越して店か何かの駐車場に入り、和男さんが目の前を通りすぎてから、ふたたびあとを追いました。

そんなことを何度かくり返しながら、四十分くらい尾行を続けていると、やがて碧南市に入り、高い建物が減ったぶん田んぼが目につくようになりました。そしてしばらく走ると和男さんが細い道に入って行ったので、僕はあとを追おうかどうか迷いましたが、けっきょく尾行にずいぶん時間を使ったことを考えるとあきらめきれず、思いきって和男さんのあとを追うことにしました。気づかれたら気づかれたでいいと思いました。

するとまもなく真っ暗な田んぼの向こうのほうに、ちらほらと住宅の明かりが見えてきて、やがて和男さんの車がそのうちの一軒の住宅の玄関先に停まったので、僕は少し離れた場所に車を停めて様子をうかがうことにしました。住宅は二階建の一軒家でした。

和男さんが車から降りると、すぐに家のなかから女性が出てきて、和男さんの車のトランクに積んである荷物を家のなかに運び入れはじめたので、おそらくここが和男さんの自宅なのだろうと僕は見当をつけ、和男さんが家のなかへ入って行くのを見届けてから、僕は来た道を戻りました。

後日、阿藤と真山に和男さんの自宅までつきとめたことを伝えて具体的な計画を話し合いました。そして和男さんがどこにも立ち寄らずに自宅まで車を走らせたことから、帰宅途中で襲うのは難しいのかもしれないと思い、自宅か自宅近辺で待ち伏せて襲ったほうがいいという話になりましたが、ただ、和男さんの自宅をつきとめたのは深夜で、自宅周辺の状況がまるっきりわからなかったことから、最終的には昼間にもう一度自宅を下見した上で、その状況に合う計画を立てたほうがいいということになったのです。

そして後日、僕と阿藤で和男さんの自宅まで行ってみたところ、外で待ち伏せて襲うには目立ちそうな場所だったため、いっそのこと家のなかで待ち伏せようということになりました。その後、表札を確認して近くの公衆電話まで行き、和男さんの自宅電話番号を調べた上で、後日僕がアンケート調査を装って和男さんの妻である聡恵さんから家族構成を訊きだしました。その内容は「四人家族で子供が二人いる」というものでした。

そして僕と阿藤と真山は具体的な計画を立てはじめたのです。

まず、和男さんが帰宅する前に自宅へ上がり込んで在宅している家族を拘束する方法ですが、押し入ったりすると間違いなく騒がれてしまうと思ったので、僕たちは聡恵さんに対して芝居をすることにしました。具体的には、僕たちは和男さんの知り合いで、ある暴力団からいままさに追われているという設定で、聡恵さんに「かくまってほしい」と話して家に上がり込むというものでした。

これは、平進会館にヤクザふうの男性が出入りしていたことや、パチンコ店の店長といえば少なからず暴力団とのつながりがあるという感覚が僕たちにあったことなどから思いついたことです。家族の拘束については状況に応じてということでしたが、遅くとも和男さんが帰宅する一時間前くらいには縛りあげようという話になっていました。

次に和男さんが帰宅したところを襲い、店の鍵や金庫の鍵を奪った上で店内への入り方（セキュリティーの解除方法）などを訊きだしたあと、僕と阿藤で平進会館へ行って売上げ金を奪い、その後、真山は自分の車（クラウン）か、もしくは和男さんの車に乗って僕と阿藤に合流する。つまり真山は、松森さん一家の見張り役です。そういう計画でした。

三．犯行状況

一九九八（平成十）年六月二十八日の正午すぎに、僕は自分のワンボックス車で真山の自宅まで行きました。そこで彼のクラウンに乗り換え、真山の運転で阿藤を迎えに行って松森邸がある碧南市へ向かいました。もう十数年も前の出来事なので確かな記憶があるというわけではありませんが、この移動中の車内で僕たちは計画の確認――とくに家へ上がり込む際のやりとりについて話し合っていたと思います。

なぜ夜ではなく、目立つような昼間に行動したのかということについては、取調べで警察にも検察にも問われて考えましたが、それは現在でもはっきりとしませんし、阿藤と真山も同様に思い出せないようです。

もちろん推測ならできます。松森邸は広い田んぼの一辺に面しているようなかたちで建っていて、住宅が隣り合っている上に周りは静かでした。人や車などの往来も少ない。そういう土地柄から、夜はかえって物音が響くと考えて昼間から行動したのかもしれませんし、単に和男さんの帰宅まで時間の余裕があったほうがいいと考えたのかもしれません。これはあくまで推測です。ちなみに、もし聡恵さんが僕たちの話（暴力団に追われているということ）を疑うような態度をとった場合などは引き返してこようと考えていました。

松森邸に到着した僕たちは、車に乗ったまま家の周辺を走りました。その際、二人の子供のものと思われる自転車が玄関付近にあったので、その種類や大きさなどから二人の子供が小学生くらいなのだろうと判断しました。

そして近隣の人に真山のクラウンを目撃されないようにと、松森邸から徒歩十分～十五分の場所に車を停め、トランクに積んであった円筒形のドラムバッグから包丁、粘着テープ、ビニールひも、軍手、帽子をとり出して準備をはじめました。このとき、トランクのなかにあった真山の釣り道具が目につき、近くの大きな河川に釣り人が多くいたことから、僕たちは近隣の人に怪しまれないようにするため釣り人を装うことにしました。そして粘着テープとビニールひもを入れた青いポリバケツと釣りざおをそれぞれ阿藤と真山が持ち、僕は包丁の入ったドラムバッグを肩から提げて松森邸へ徒歩で向かいました。顔を隠すものといえば帽子しかありませんでしたが、防犯カメラがあるわけでもなかったので帽子を目深にかぶっていれば大丈夫だろうと考えていました。実際、僕たちは近隣の人に目撃されていますが、その人たちが覚えていたのは背格好だけで顔は誰も覚えていません。

目撃証言によると、このときの時刻は午後四時すぎだったようです。

松森邸まで歩き、僕は人さし指を曲げて第二関節の背でインターホンを押しました。ところが、何度インターホンを鳴らしても応答はありませんでした。そして玄関の引き戸があいていたので、僕は門から敷地に入り、玄関先から家のなかを覗き込みながら「すみません」と声をかけてみました。しかし、それでもなお人は出てこず、どうしようかと迷いながら後ろをふり向くと阿藤が頷いたので、僕は靴を脱いで家に上がり込みました。そして僕に続いてきた阿藤と真山に、「自分は二階に行く」と手ぶりで伝えてドラムバッグを玄関に置き、軍手をはめながら右手にある階段を登りました。縛るものも、脅す道具も持っていませんでしたが、このときの僕は気にしていません。和男さん以外の家族をいきなり脅したりすることは端《はな》から考えていなかったからです。

ただ、当初の計画とは少し変わってしまって行きあたりばったりの行動だったので、尋常でない緊張感がありました。いつ、どこで、誰に出会うかわからなかったので余計でした。

松森邸の二階は主として夫妻の寝室、子供の寝室、子供の遊び部屋（テレビゲームなどがある部屋）の三室です。

階段を登りきると左手に子供の遊び部屋があって、そこを覗いてみましたが誰もいませんでした。そして廊下を曲がると、こんどは左右にひとつずつ部屋があったので、僕はまず左の部屋を覗いてみようとドアに近づきました。

そのときです。足を進めている途中で右の視覚に人の姿が映り、そちらを向くとベッドのヘッドボードにもたれていた聡恵さんがいて、目と目が合いました。

僕は反射的に聡恵さんに駆け寄り、彼女が小さな悲鳴をあげた直後に口を塞いで肩を押さえつけました。そして、「騒がないでくれ。静かにしてくれ。旦那の知り合いだ」と話しました。

聡恵さんは少しのあいだ抵抗して大きな声をあげていましたが、その声は僕の右手のなかでくぐもっていました。

どうすればいいのかわかりません。とにかく「静かにしてくれ」と、何度も何度もいいました。

するとそのうちに聡恵さんが、「わかった。わかったから手を放して」といったので、僕は恐る恐る聡恵さんの口から手を放しました。そこで大声を出されていたら、僕はたぶん逃げだしていたに違いありません。それほど烈しい恐慌状態だったことは鮮明に覚えています。

やがて阿藤と真山が二階に上がってきて、僕はそこで初めて、聡恵さんはテレビを見ていて僕と目が合ったのだと知りました。出入り口の横にあるテレビが点いていたのです。

「あなたたち旦那の知り合いなの？」阿藤たちに気づいて聡恵さんがそう訊いてきました。

そこで僕は、「そうだ。平進会館の関係で知り合った」と話し、和男さんの知り合いだということを信じ込ませるために強調しました。

そしてさらに、「じつはある組から追われていて、かくまってほしいのでここにきた」と、設定どおりのことを僕は話しました。

すると聡恵さんは「旦那が帰ってくるのは夜中だけど、それまで待つというなら待ってもらってもかまわない」と、半信半疑な様子で承諾してくれたのです。

そして阿藤、真山、聡恵さん、僕という順に並んで階段を降りました。

松森邸の一階の間取りは、家の中央あたりに玄関があり、玄関を入ると廊下が横に伸びていました。左のつきあたりに台所があり、その台所の続きにリビングがあります。廊下の右のつきあたりには和室があり、玄関を入って正面の、廊下に沿った部分に台所のほうからトイレ、洗面所、浴室と並んでいました。

二階から一階に降りた僕たちは、廊下を進んでリビングに入りました。

リビングには二人の子供がいて、テレビを見ていました。

僕の記憶では阿藤も真山も二階に上がってきていますが、捜査段階の阿藤の供述と、このときの状況などから、阿藤は二階に上がらずに二人の子供を見張っていた可能性があります。

いずれにしても、リビングに入って二人の男の子が目についたので、すぐに僕は「子供がいるからべつの部屋で話をしよう」と聡恵さんに話し、子供を見張ってもらうため「ここにいてくれ」と真山をリビングにとどめ、僕と阿藤と聡恵さんで階段横にある和室へ移動しました。

和室に入った僕と阿藤は、予想外のことばかりが続いて焦っていたので、つかの間お互いの顔を見合いました。しかし、緊張していたために、見合っただけで何も言葉は出ません。

僕と阿藤が顔を見合わせていると、「とりあえず飲みものを持ってくる。暑いからビールがいいかしら」と聡恵さんがいって部屋から出て行ったので、僕は彼女を見張るために、「酒の用意手伝いますよ」というようなことをいいながらあとを追って台所へ移動しました。阿藤は和室に残ったままです。

聡恵さんは台所で冷蔵庫からビールと枝豆をとり出し、水差しに氷と水を入れました。そしてリビングにいた真山に僕がビールとグラスを渡し、聡恵さんがリビングにあるサイドボードのなかからバーボン（ワイルドターキー）の瓶をとり出しました。バーボンは聡恵さんが自分で飲むためのものでした。聡恵さんがバーボンを飲んでいたことは、お子さんの供述やグラスに付着していたDNAで明らかになっています。聡恵さんがバーボンを持ち出したことで、阿藤もそのバーボンを飲むことになりましたが、僕はビール以外のものを飲んでいません。

僕と聡恵さんは飲みものなどを持って、台所から阿藤のいる和室に移動しました。聡恵さんは酒を飲んでいるうちに饒舌《じょうぜつ》になり、ビールを注いだり水割りをつくったりしながら、「勝手に悪さばかりしてもめごとに巻き込まれる。金遣いが荒くて浮気までされる。あなたたち、旦那の浮気相手のこと知ってるんじゃない？」と、和男さんのことで愚痴をこぼしはじめました。

その後彼女から、「あなたたちが何をしてきたのか知らないけど、もう軍手なんか外したら？」といわれました。それは覚えています。しかし、その言葉で軍手を外したかどうかまでは記憶がありません。記憶はありませんが、松森邸を去る直前に、自分たちが飲み食いした際の食器やタバコの吸いがらを持ち帰ったことからすれば、聡恵さんの言葉で軍手を外した可能性はあります。

和室で酒を飲んでいると、やがて聡恵さんから、「子供に食事をつくるんだけど、よかったらあなたたちも一緒に食べないか」といわれて、僕と聡恵さんはふたたびリビングの続きになっている台所へ、阿藤は真山と二人の子供がいるリビングへ移動することになりました。聡恵さんが僕たちのことを和男さんの友人だと子供に紹介してくれていたので、二人の男の子は騒いだり逃げだすようなことはなく、むしろ阿藤や真山たちと遊んで楽しそうでした。

僕は台所の出入り口に立って聡恵さんを見張りました。見張りながらいろいろと話しましたが、その内容については詳しく覚えていません。

台所には聡恵さんのすぐ近くに掃き出し窓がありましたし、包丁などの凶器になるようなものもありましたが、聡恵さんは逃げだしもせず、抵抗する様子も見せませんでした。

聡恵さんは子供と真山の食事（ハンバーグ）をリビングに運び、僕と阿藤のぶんは和室に運びました。そして僕と阿藤と聡恵さんは和室で飲み食いしながら会話をし、さらに打ち解けていきました。

松森邸にはゴールデンレトリバーの子犬がいたので、その子犬のことをきっかけに話が弾んでいき、やがて阿藤と聡恵さんが東京の高円寺のことを話しだして、「自分も若いころ高円寺によく通っていて、そこの偉いヤクザと遊んだりしていた」と聡恵さんがいうと、阿藤も音楽の専門学校に通っていて、少しだけ高円寺に住んでいたことを話したりして二人は意気投合し、たとえば、商店街のなかの○○っていう店知ってる?というように会話はさらに弾んでいきました。

　そしてそんな会話のなかで、やがて聡恵さんは僕たちがヤクザに追われていることを話題にし、「自分も昔はヤンチャしてたからあなたたちの気持ちがわからないわけじゃないけど、うちの旦那に相談するより、近くに交番があるからそこに行ったほうがいいんじゃない? もしよかったら親戚に警察官がいるから連絡してあげようか?」といいました。このときにはもう、僕たちのことを完全に和男さんの知り合いだと思い込んでくれているようでした。阿藤の腕には刺青《いれずみ》があり、それが半袖Tシャツの袖口あたりから、ちらちらと見え隠れしていたことも影響したかもしれません。

　僕は松森さんの親戚に警官がいることはどうでもいいと思いましたが、和男さんを待ち伏せて襲うことを考えると、近くに交番があるというのは気になりました。そこで、ちょっと車のところまで行ってくるなどといって、リビングにいる真山からクラウンの鍵を受けとり、交番の所在を確かめるために松森邸を出ました。そしてクラウンを停めた場所まで歩きながら日が暮れたことに気づき、和男さんを脅したあとですぐに行動できるように交番の確認のあとはクラウンをもっと近くに停めておこうと考えたのです。

　僕は現在の感覚で、約一時間くらいクラウンを走らせて交番を見つけました。聡恵さんの話のとおり、松森邸から車で四、五分の距離に交番はあって、それを確認してから、僕はクラウンを大きな河川の堤防道路に停めて五分くらい歩き、松森邸まで戻りました。交番は確かに近かったですが、気にしなくてはいけないほど近かったわけではありません。そして、なぜ交番を見つけるまで一時間もかかったのかということですが、僕は土地勘がまったくなく、その上、日が暮れて暗いので迷ったりしていたために、時間がかかってしまいました。

歩いて松森邸まで戻り、僕が玄関をあけると、右手の和室に阿藤と真山が立っていて、彼らの足もとにビニールひもを雑然と巻かれた聡恵さんが僕のほうに背中を向けた状態で横たえられていました。その光景を目にした僕は、二人が早くも聡恵さんを縛ったのだと思いました。

ところが、あまりにも阿藤たちが茫然としていたので、「どうしたんだ」と訊くと、様子が急変したから殺してしまったと、阿藤が答えたのです。

僕は阿藤の言葉が俄《にわ》かには信じられなかったので、とりあえず靴を脱いで和室へ歩いて行き、聡恵さんの顔を覗いてみました。

聡恵さんは目を見ひらいていました。

確かめるべくもなく亡くなっていることがわかった僕は一瞬で頭のなかがショートしてしまったかのように真っ白になって、うそだろ?と思いながら恐怖を感じて息をのみました。

なぜ、聡恵さんを殺害する必要があったのかということについて、阿藤と真山は僕にいわれたからだと、捜査段階から供述しています。具体的には、僕が交番の所在を確かめに行くときに、「奥さんを殺しておけ」といったのだと阿藤は供述していて、真山はそれを間接的に阿藤から聞かされ、手伝えといわれたので殺害したと供述していました。

もちろん、僕はそんなことを話していませんし、聡恵さんを殺害する理由がありません。仮に顔を覚えられたという理由——理由があったとしたらそれくらいしかない——があったとしても、和男さんが帰宅する前に殺害するというのは考えられません。どう考えても僕たちにとっては不都合ですし、無理があります。

しかも、僕たちに絶対的な上下関係のようなものはありませんでした。僕と真山は渾名《あだな》で呼び合う間柄で、彼は僕より七歳年長です。阿藤は僕より一歳年少ですが、彼は僕のことを身長や体格から、「デカイの」とか、ちょっとした用件で声をかけてくるときには「おい」と呼んでいました。僕たちはそのように、ごくごく普通の友人関係でしかないのに、とつぜん僕が奥さんを殺しておけだなどといえるわけがありません。

それに阿藤の供述によると、僕は何の相談もなく彼に「奥さんを殺しておけ」といって松森邸を出たということですが、考えてみてください。とつぜんそんなことをいわれたときのことを。すんなり人殺しを引き受けるなどということがあるわけがありません。ちなみに裁判で、阿藤は僕の弁護人や裁判長から、なぜ断らなかったのかと問われて、ひと言も答えられませんでした。

つまり僕からすれば、阿藤が真山に嘘の話をして聡恵さんの殺害を手伝わせたか、あるいは二人で共謀して聡恵さんを殺害したとしか思えないのです。たとえば聡恵さんが、酔っている阿藤の隙を見て逃げだそうとしたとか、何かそういうトラブルが、阿藤と聡恵さんのあいだであったのだろうと思います。ちなみに裁判では、阿藤の話は信用されていません。阿藤の話が正しいとするなら、聡恵さんの前で僕が、「奥さんを殺しておけ」といったことになるので、信用されなくて当然です。僕は常に聡恵さんと一緒にいたので、場面は聡恵さんの前しかありえないのです。

いずれにしても、僕が松森邸に戻ったときに聡恵さんが亡くなっていたという事実に変わりはありません。ロープを使った絞殺だったようです。ロープは用意などしていないので、松森邸にあったものだったろうと思います。道具類は僕が準備しているので、ロープがなかったことは間違いありません。

ビニールひもが巻かれていたのは、単に恐怖心からのものだったようです。つまり聡恵さんが動きだすかもしれないという気持ちが阿藤たちにあったようでした。

頭のなかが真っ白になってどうすればいいのかわからなかった僕は、とりあえずその場にはいたくなかったので、聡恵さんの遺体をそのままにして三人でリビングに移動しました。

僕――「すぐここを出ようか」
阿藤――「遺体はどうする」
僕――「そのままでいいだろう」
真山――「金は」
阿藤――「そうだ。こんなことになって、何もないまま帰りたくない」
僕――「じゃあ最初の計画どおり旦那を待ち伏せるか」

リビングに移動してからこのような会話がありましたが、阿藤と真山の意見に従ったというわけでもなく、僕の意志が無関係というわけでもありませんでした。ちなみに裁判のなかで検察から、捜査段階にそんなことといっていなかったと指摘されましたが、僕は聡恵さん殺害の経緯やその直後のことについては黙秘していたので、話していなくて当然です。

そして和男さんが帰宅するまで時間があったので、僕が家のなかを物色しようといってそれがはじまりました。子供は自分たちの部屋で寝ていて、人目がなくなったことで思いついた物色でした。

どうやって分担したのかは覚えていませんが、僕が二階の物色、阿藤と真山が一階の物色をすることになりました。

そして僕が二階の物色を終えて一階に降りると、阿藤がリビングの物色を、真山が台所の物色をしていたため、僕は仕方なく和室の物色をすることにしました。

和室には当然に聡恵さんの遺体があります。

僕は恐る恐る和室に入って、聡恵さんを見ないように部屋の奥にある押し入れを物色しました。押し入れのなかには高さ四十センチくらいの小型耐火金庫があったので、僕はその鍵をざっと探しましたが見つからず、けっきょくこの金庫は持ち去ることにして、とりあえずそのまま置いておきました。

その後、真山が台所で聡恵さんの財布を見つけました。そして彼が僕に財布を渡してきたのでなかを確認して、僕が阿藤と真山に二万円ずつ渡し、僕は一万数千円を自分のものにしました。つまり財布のなかには五万数千円の現金が入っていたのです。

この物色は隅々までおこなったわけではありません。家のなかの貴金属や現金など、残っていたものは多かったようです。

物色を終えた僕たちはリビングに集まり、和男さんをどうやって縛りあげるか、どうやって脅すかなどを話し合いました。僕が和男さんに襲いかかり、口を塞いでいるあいだに阿藤と真山が和男さんの手足を縛るというものでした。その程度のことです。

そしてこの話し合いのなかで、阿藤からあることを聞かされました。

――子供だけは殺さないで――

聡恵さんが亡くなる直前に残したとされる言葉です。これは阿藤と聡恵さんのあいだで何かトラブルがあって、それがきっかけで聡恵さんが殺害されたという証拠でもあります。

阿藤は、僕から奥さんを殺しておけといわれたあと、真山と二人で和室に入ってくる聡恵さんを待ち伏せて、彼女の背後から一気に首を絞めたと供述していますが、頸部を一気に圧迫した場合には声が出ません。これは解剖を担当した医師の証言で明らかになっています。それに、阿藤が真山と二人で聡恵さんを待ち伏せていたはずがありません。聡恵さんが一人で家のなかを歩いていたことになってしまうからです。つまり客観的事実と矛盾しているということで、これは阿藤が嘘をついているということになります。

リビングでの話し合いのあと、なぜか僕はリビングの電話を使い、PTAの名簿からひとつの電話番号を選んでそこに電話をかけました。電話はつながりましたが、捜査記録によると午後十一時二十三分ころの十四秒間、僕は何も話さなかったようです。なぜこのような電話をかけたのか、はっきりとはわかりませんが、聡恵さんの生存偽装をしたのかもしれません。つまり捜査の攪乱《かくらん》をしようとした可能性があるということです。

阿藤と真山が聡恵さんを殺害してしまったことで、僕たちは慎重にならざるをえなくなってしまいました。それで、和男さんは帰宅したらどこへ向かうのだろうかと考え、僕たちはそれぞれ隠れる場所を決めました。しかし、僕と阿藤が玄関を入って正面やや左にある浴室の脱衣所に隠れることになったのは覚えていますが、真山についてはどこに隠れたのかまったく記憶がありません。もしかすると三人一緒になって脱衣所や浴室に隠れることになっていた可能性があります。

このとき僕は脱衣所でバスタオルを見つけて、口が塞ぎやすいし、和男さんの身体を縛ったあとはついでに目も覆うことができるので都合がいいと思い、それを使うことにしました。

そして、阿藤と真山が聡恵さんを殺害してしまったことで、松森さん一家を真山が見張っておく意味がなくなったため、三人で和男さんを連れて平進会館へ行くことにし、計画を変更しました。明け方くらいまでのことなので、子供のことは心配していませんでした。

和男さんが帰宅すると思われる時刻の三十分くらい前に、僕たちはあらかじめ決めておいた場所に隠れて和男さんを待ち伏せました。帰宅した和男さんはリビングに向かうと考えていたので、僕たちはリビング以外の電灯をすべて消しておきました。それによって和男さんは、なおさらリビングへ向かうことになるだろうと思いました。そして聡恵さんの遺体についても、和男さんが玄関の左手にあるリビングに向かうなら、右手にある和室の遺体には気づかないだろうと考え、そのままにしておいたのです。

午前一時半から二時ころ、車のヘッドライトが玄関のモザイクガラスを通って廊下を照らしました。そして車のドアの開閉音が聞こえたことで、直感的に和男さんが帰ってきたと思い、俄かに緊張しました。

やがて玄関の引き戸がカラカラとひらき、三和土《たたき》から廊下に上がった和男さんの姿が僕の左前方に見えました。しかし、そこで想定外の出来事が起きました。和男さんが廊下の電灯を点けたのです。

その明かりは和室まで届き、ビニールひもを身体に巻かれた聡恵さんの遺体を照らしました。なぜ僕たちは襖を閉めておかなかったのか、いまとなっては疑問のひとつではありますが、おそらく緊張や焦りで気づかなかっただけなのだろうと思います。

廊下の電灯が点いたことで、和男さんは聡恵さんの遺体に気づいてしまい、僕たちが待ち伏せているほうとは反対側の和室へ歩いて行きました。そして聡恵さんに「何をやってるんだ」と話しかけながら近寄り、ビニールひもが巻かれた身体を揺すりながら、さらに「何を遊んでるんだ」と話しかけました。が、それでも聡恵さんの返事がなかったことで、とうとう和男さんは異変に気づいてしまい、「大変だ」といって僕たちが待ち伏せしているほうに小走りでやってきました。

この場面で、和男さんは二階へ上がったという阿藤の供述があり、和男さんの長男も父親が起こしにきたと、事件直後の捜査で供述しています。和男さんの身になって考えてみても、聡恵さんの状態を目にしたら、まず子供の心配をして二階へ上がって行くのが普通かもしれません。

しかし僕の記憶では、和男さんは二階へ上がっていません。ただ単に僕が忘れてしまっただけなのかもしれませんが、和男さんが二階へ上がってしまったら当然に僕としては焦るはずですし、僕の後ろにいた阿藤に何か話しかけていてもおかしくありませんが、そんな記憶もまったくありません。

いずれにしても、和男さんが小走りで僕たちのほうに向かってきたことに違いはありません。

おそらくリビングにある電話で通報しようとしたのだと思います。

僕は咄嗟に顔を引っこめました。ややあって和男さんが目の前を通りすぎ、僕は用意しておいたバスタオルの両端を持って脱衣所から和男さんの背後へ飛びかかりました。手に持ったバスタオルは、口を塞ぐために和男さんの頭上から顔の前にふり下ろしました。

ところが、あまりに勢いよく飛びだしてしまったために、僕は廊下のつきあたりを曲がろうとしていた和男さんの背中に衝突。和男さんはつんのめるようなかたちで前方へ倒れて行き、和男さんの後頭部辺りでバスタオルを交差するような状態になっていた僕も、和男さんに引っ張られながら倒れて、和男さんと僕は床上で折り重なりました。

「なんだ、お前ら」

和男さんのそんなような言葉が、くぐもったように聞こえて、僕は口を塞がなければと思ってバスタオルの両端を横方向へ引っ張りました。

和男さんは抵抗しました。立ち上がろうとして暴れたり、両手をふりまわしたりしました。思った以上に抵抗されていたので、僕は思わず手に力を入れてバスタオルをきつく締めつけるようなかたちになりました。バスタオルが口を塞いでいるかどうかなど確かめる余裕などありません。とにかく騒がれないようにバスタオルを交差し続けました。計画では、その間に阿藤と真山が和男さんの手足を縛るはずでしたが、なぜか彼らはそうせず、阿藤か真山のどちらかが、とつぜん僕の手からバスタオルの片端を奪うようにとり上げ、自然とバスタオルを横方向へ引っ張り合うかたちとなりました。和男さんの抵抗は激しさを増していきました。とても狭い廊下でです。そして僕はとにかく力一杯に引っ張り合えば和男さんが黙ると思い込み、バスタオルを必死に引っ張り合いました。冷静さなど欠けらもありません。

その結果、店への入り方などを訊きだす前に和男さんが絶命してしまったのです。

捜査記録などから合理的に考えると、僕とバスタオルを引っ張り合っていたのは阿藤の可能性がとても高いです。おそらく阿藤たちも僕と同様に和男さんを押さえつけることに必死だったのだろうと思います。

僕たちのこの行為の一部を、和男さんの長男は目撃していました。事件直後の供述調書によれば、二階で寝ていたお子さんは帰宅した和男さんに起こされ、「お母さんが死んでるかもしれないから一一〇番する」といわれて和男さんと一緒に一階へ降りました。階段を降りきった右側には聡恵さんの遺体がありましたが、お子さんは聡恵さんを目にしたとき、単に酒で酔って寝ているのだと思ったようです。その直後、脱衣所に隠れていた僕たちが出てきて和男さんを襲いはじめたので怖くなり、お子さんの記憶では僕が「もう寝ていいよ」といったことで、二階に上がって寝てしまったようです。


和男さんが亡くなってしまったあと、僕たち三人は松森夫妻の遺体をどうするか話し合い、できるかぎり事件の発覚を遅らせるために遺棄することにしました。

そして、和男さんの遺体から阿藤が店のものと思われる鍵束を見つけて奪い、和男さんと聡恵さんの遺体を玄関まで運びました。それから僕は和男さんの車を玄関前に横づけし、そのあと三人で夫妻の遺体を車のトランクへ運んだのです。運ぶ際には人目を気にして、凶器となったバスタオルを遺体にかぶせていました。遺体を運ぶ前には、僕と阿藤で和男さんと聡恵さんのブレスレットを腕から外して奪っていました。僕は和男さんのものを奪い、阿藤が聡恵さんのものを奪ったことに間違いはありませんが、僕たちがこの事件で逮捕されてから行方がわかったのは和男さんのものだけです。聡恵さんのものは、阿藤が奪ったことを否定したため行方がわかりません。

遺体を運んだあと、僕たちは使用した箸やグラスやタバコの吸いがらなどをドラムバッグに入れましたが、なぜか枝豆やその殻、そしてハンバーグの皿については持ち去ろうとしなかったようです。その現場に残されていた枝豆の殻から、僕たちのDNAが検出されて逮捕につながりました。なぜタバコの吸いがらを持ち去っておきながら、枝豆とその殻やハンバーグの皿が残されたままだったのかはいまだに謎のままですが、説明がつかないこともありません。

この平成十年のころは、いまほどDNA鑑定のことが知れ渡っていたわけではありませんでした。もちろん僕がまったくそのことを知らなかったとはいいませんが、絶対にDNAを残したくないというほど気にしていたとは思えません。気にしていたらハンバーグの皿も枝豆の殻も当然に持ち帰っていたはずです。枝豆の殻はともかく、ハンバーグの皿など焦っていて忘れていたということでは説明がつきません。

つまり、タバコの吸いがらを持ち帰ったのはDNAを気にしていたというよりも、指紋を気にしてのことだったのではないだろうかと思います。そうすればハンバーグの皿が残っていたことも、枝豆の殻が残っていたことも説明がつきます。

どういうことかというと、和室にいた僕と阿藤は枝豆を食べるためや、箸を使うために軍手を片方だけ外していて、ハンバーグの皿は軍手をはめた手でしか触っていなかったため、持ち帰らなくてもいいと思ったのかもしれません。直接ハンバーグの皿に口をつけたなら話はべつですが、箸でついたくらいでまさかDNAが残るなどと、事件当時の知識で考えられたかどうかは疑問が残ります。枝豆の殻も、そんなところから指紋が検出されるとは思いもしなかったでしょうし、触れただけでDNAが残るとも考えられなかったのだろうと思います。意図せずして和男さんを殺めてしまったあとの場面で焦っていれば余計に考えられなくて当然です。真相はこういうことではなかったのだろうかと、僕は推測しています。

和室で発見した金庫を和男さんの車に積み、三人でその車に乗って真山のクラウンを停めた堤防道路まで車を走らせました。クラウンを移動させた場所は僕しか知らないので、この時の運転手は僕です。

そして金庫を真山の車に積み換え、二台の車に分乗し（僕と阿藤は和男さんの車で、運転手は僕）、松森邸から車で十分ほどの団地に和男さんの車を放置しました。

遺棄後、僕たち三人は真山のクラウンで平進会館へ向かい、そして和男さんから奪った鍵束で店のドアを解錠しようとしましたが、どの鍵も店の錠に合わなかったので侵入に失敗しました。このときは身体も神経も疲れきっていて、もうどうにでもなれというような感じだったこと、人を殺めてしまった恐怖に怯えていたことは覚えています。だからなのかどうかわかりませんが、店のセキュリティーのことなど考えられなかったようにも思いますし、セキュリティーのことがあったからこそ、侵入をすぐにあきらめたのかもしれません。実際には、どうやら奪った鍵束のなかに店の鍵があったようだと取調べ官から聞かされました。

平進会館の侵入に失敗した僕たちは、阿藤の家に行って金庫をバールでこじあけました。

しかし、松森邸から持ち去った金庫のなかには銀行の通帳が一冊あっただけで、金目のものは何も入っておらず、けっきょく僕が得たのは現金一万数千円ほどと、腕時計のバンドのような18Kのブレスレットだけでした。

事件当時、小学三年生と小学一年生だったお子さんは、この事件が起こった直後の朝、両親を捜したようです。しかし、姿が見あたらなかったので、二人はコーンフレークを食べながらテレビを見ていたようでした。

二人のお子さんはその後、親戚に世話になることとなり、お父さんとお母さんは怪我をして遠い病院にいるから会えないと聞かされていたらしいですが、事件直後の捜査記録によれば、その後にテレビの報道で両親の遺体が車のトランクにあったことを知ったようでした。

「お父さんたちは遠くにいるって言ってたけど、早く会いたいです」

事件直後、捜査員にそう話したようです。

第二章

守山事件

一．事件の概要

碧南事件から八年後の二〇〇六（平成十八）年七月ころ、碧南事件の共犯者である阿藤が僕のところに訪れて、「金に困っているから何かやらないか」と誘ってきた。そこで僕は以前に外壁工事をした早坂邸へ押し入って強盗をしようと計画した。

二〇〇六（平成十八）年七月二十日の昼ころにその計画を実行し、建築業者を装って点検と称し家に上がり込んだ。そして独り暮らしだった早坂さん（当時六十九歳の女性）の抵抗を抑圧した上で金品を奪い、その上さらに阿藤が早坂さんの首を電気コードのようなもので絞め、早坂さんに傷害を負わせてしまった。

二．犯行までの生活状況等（犯行に至る経緯）

碧南事件のあと、いつ自分に捜査の手が及んでくるかわからない状況にただただ怯えながら生活するなかで、妻の香澄が僕の身勝手さにとうとう耐えられなくなり、離婚をきりだしてしまいました。芳江と暮らしていた僕がどうこういえるわけがなく、いつ逮捕されるかわからない状態を考えると、むしろ離婚しておいたほうがよかったので、平成十年七月に離婚届を提出しました。

僕が二十三歳、香澄が二十六歳、長男が四歳半、次男が二歳のときのことでした。

僕はしばらくのあいだ仕事をせず、決して楽ではない芳江にすがりながら怠惰な生活を送っていました。働く気がなかったわけではありませんでしたが、どこかで働くといっても、腰がわるくて車の免許もなく、金融会社から逃げまわっている僕が働けるところなどそうそうありません。兄たちのもとで働くことはできましたが、暑さが苦手な僕は、真夏の猛暑のなかで汗だくになって働くことがどうしても我慢できませんでした。このように書くと、何を甘ったれたことをと思われる方もいるかもしれませんが、建築作業のなかで、とくに外壁工事というのは苛酷な業種なのです。天候に左右される上に単価が安いので作業にゆとりがなく、体質のもんだいもあるのかもしれませんが、真夏となると水に浸ったタオルなみにシャツの汗が絞れるほどでした。熱中症になったこともありました。

次兄からは、約束の六月末をすぎても督促の連絡はありませんでした。捜査記録によれば、どうやら次兄は僕が定職に就かず毎日ぶらぶらしていたのを知っていて、ないものをとり立てることはできないと端からあきらめていたようです。

季節が夏から秋に移り変わるころ、仕事もせず遊んでばかりいることに芳江がいい顔をしなくなっていたので、僕はかつて働かせてもらっていた知り合いに頼んで外壁工事を手伝うことにしました。

しかし、それもせいぜい二、三ヶ月しか続きませんでした。碧南事件の共犯者である阿藤が群馬に帰省した際、地元の先輩から自販機荒らしの手口を教えてもらったようで、彼がその自販機荒らしを一緒にやらないかと誘ってきたのです。

その話に乗った僕は、阿藤と二人で連日にわたって自販機を荒らしました。一晩でだいたい数万円、多いときには十数万円にもなったのでやめられませんでした。

やり方は簡単でした。自販機によって解錠できるものとできないものがあったので、それを見分ける必要はありましたが、鍵穴より少し太めの木工用ビスと、それをねじ込むドライバーと、ねじ込んだビスを引き抜くバールがあれば、だいたいの自販機はあけられたのです。最初は本当にそんなことで自販機があけられるのだろうかと疑っていたのですが、阿藤のいうとおりにビスを鍵穴へねじ込んでバールをあてがうと、ほとんど力を入れずにシリンダーだけが抜けたので驚きました。あとは普通に自販機をあけるだけです。

この当時は日本全国でこういう自販機荒らしが横行していた時期でもあったため、ときには同じように自販機荒らしをして回っている人間と鉢合わせすることもありました。また、シリンダーを抜かれた状態の自販機にありついたこともありました。後者はおそらく、シリンダーを抜いた直後に人がきたと思って咄嗟に隠れたのではないでしょうか。僕と阿藤はそれを横取りしたのだと思います。

しかしそんな自販機荒らしが長く続けられるはずがなく、飲料メーカーなどが対策をはじめてあけられる自販機が日に日に少なくなっていったので、僕と阿藤は一ヶ月もしないうちに自販機荒らしから足を洗うこととなりました。

それからまもなくのある日、芳江の家に車の引きあげ業者がやってきました。もちろん僕のワンボックス車の引きあげです。事件の捜査記録によると、このころまで次兄がローンの代金を支払い続けていて、車の引きあげによって残金が相殺されたようです。芳江にはこのときのことを、次兄が車のローンを払っていなかったから引きあげられることになったと、誤魔化して説明しました。

車が引きあげられてしまったころ、僕と芳江はよく二人でパチンコ店に出入りしていました。ギャンブルなどしない芳江を、僕が誘っていたのです。このころはそのパチンコでけっこうな稼ぎがあって、一ヶ月の出玉数が店の会員のなかで上位になることが少なくなかったことを記憶しています。

しかし、芳江の勤めるスナックで僕が飲み食いする代金を芳江が自分の給料から支払っていたこともあって、パチンコでの稼ぎはほとんど彼女にとり上げられて生活費にまわされ、芳江は僕に現金を持たせてくれませんでした。ろくでもないことに消えてしまうとわかっていたのだと思います。

そうした生活のなかで、僕は遊ぶ金ほしさに芳江の銀行口座から勝手に数十万円を引き出してしまいました。芳江とパチンコ店に行ったとき、彼女からキャッシュカードをあずかって現金を引き出すことがあったので、暗証番号は知っていました。

僕は芳江が昼寝をしているときに彼女の財布からキャッシュカードを抜きとり、すぐさま銀行に行って現金を引き出したあと、またキャッシュカードを戻しておきましたが、当然、ばれるに決まっています。そんなこと子供にでもわかりそうなことではありますが、そのときはそのときだというひらき直りの感じもありましたし、遊ぶ金がほしいという衝動につき動かされた感じもありました。ひと言でいえば単なる欲でしかありません。芳江が現金を持たせてくれず、好き勝手に遊ばせてくれなかった反動のようなものもあった気もします。

いずれにしても数日後には露顕しました。

母子手当や児童手当が振込まれたという役所からの通知を芳江が見て、彼女が銀行へ行ったときのことでした。芳江は食料品の買いだしに行くといって出かけましたが、少しすると慌てて戻ってきて、銀行の通帳を手にするとふたたび出かけて行きました。そのときテレビを見ていた僕は、芳江のただならぬ慌てぶりからして預金の引き出しが発覚したのだろうと察しました。察して何か言い訳を考えようとしましたが、けっきょく何も思い浮かばず、成り行きにまかせるほかないと思いました。

帰宅した芳江は唇をわななかせ、「どうして」と問いかけてきて、不条理さを噛みしめていました。僕が何も答えられずにいると、芳江はリモコンでテレビの電源を切り、そのリモコンを座卓の天板に叩きつけたあと、「どうして」と、さらに問い詰めてきて、それでもなお何も答えないでいると、僕のスーツケースを持ち出してきて、タンスから僕の衣類を次々に引っ張り出しては投げつけてきました。

そしてぽつりと、「出て行け」と芳江は口にしたのです。彼女のその声は静かでしたが、しかし、怒りや憎しみのこもった決然とした響きがありました。ただ、その怒りや憎しみというのは、勝手に預金を引き出したことにというよりも、僕が何も説明せずに黙っていたことに対するものだったようでした。芳江はそういう女性です。

芳江から出て行けといわれた僕は無言で荷物をまとめ、スーツケースと紙袋二つを持って芳江の家を出ました。ちょうど芳江の長男（当時中学二年か三年生）が学校から帰宅したところで、どこに行くんだ、どうしたんだ、と口にしながら彼は大きなスーツケースをバス停まで運んでくれて、どこか寂しそうに僕を見送ってくれました。

芳江の家を出た僕が向かったのは、バスで十五分ほどの自分の実家でした。僕が行く場所は母のところしかなかったので仕方がありません。妻だった香澄と子供たちは、このときすでに僕と住んでいた住宅を引き払っていました。

僕は母のところで寝泊まりしながら、近所に住んでいた四兄のもとで外壁工事を手伝うことにしたのですが、なぜ、よりによって兄弟仲がわるい四兄のもとで働こうと思ったのかと考えても判然としません。おそらく、いちばん長く一緒に暮らしていて、父親のような存在に感じていたことが大きかったのではないでしょうか。

そして、その四兄のおかげで、僕は次兄から車のローンについて文句をいわれなくなったのです。じつは次兄は、四兄が父とインドネシアで事業を起こそうとしていたときに、父から百万円ほどの借金をし、それを返済していませんでした。なので、四兄のもとで働いていた僕に、次兄は何もいえません。車のローンのことで責めるなら、父に借りた金を返せと、四兄が次兄に話したのです。詳しいことは知りませんが、それ以外にも次兄は、会社の給与のことで四兄に負い目があったようでもありました。

一、二ヶ月ほど実家で生活し、若干の金銭的な余裕ができたころ、僕は十八歳のときに会社の忘年会で知り合った杏子に連絡をしてみました。彼女の自宅電話番号は、覚えやすかったので記憶していました。ほんとに何気ない気持ちでかけただけで、何か目的があったわけではありません。

彼女は僕より三歳年長なので、このとき二十七か二十八歳でした。その年齢からすれば結婚していてもおかしくありませんでしたが、電話がつながって話しているうちに、交際相手と別れたばかりだと教えられたので、僕はさっそく杏子と会うことにしました。それを伝えたときも、べつに杏子と交際しようとかそんな気持ちはなく、単に友人として久しぶりに会えればいいかなと思う程度でした。

杏子とはこのとき数年ぶりに会ったわけですが、相変わらず酒焼けしたハスキーな声で、小柄のところも、スレンダーなところも、整った顔立ちも、明るくてはきはきしたところも以前とまったく変わったところはなく、杏子は僕の知っている杏子のままでした。僕は彼女に急速に惹かれていき、けっきょくこのときの再会がきっかけとなって頻繁に会うようになり、やがて交際がはじまったのです。

交際をはじめた当初、僕は仕事が終わるとバスや地下鉄を乗り継いで四、五十分かけて杏子の実家近くまで行き、名古屋の繁華街である、いわゆる錦三《きんさん》でスナック勤めをしていた杏子が帰宅するまでの、およそ四時間をつぶしていました。そのことを彼女には話したことがありません。なんだか恥ずかしくて話せなかったのです。

杏子の実家は名古屋の中心部近くにあり、時間をつぶす場所はいくらでもありました。しかし、僕はハンバーガーショップが精一杯でしたし、ほとんど毎日、杏子の帰宅を待っていたので、金銭的なことからハンバーガーショップよりコンビニの飲食コーナーにいることのほうが多かった気がします。

なぜそこまでしたかというと、もちろん杏子に好意を抱いていたということはありますが、仕事から帰って実家にいると、なにかと母から邪険に扱われて居心地がわるかったので、なるべく実家にいたくなかったという理由もありました。それで仕事が終わると一度実家に行き、着替えなどを済ませてからさっさと出かけて杏子の帰りを待っていたのです。彼女の帰りを待っていれば、寝るところには困りません。自分で部屋を借りるという選択肢もあったわけですが、当時はそんなことすらめんどうという感じがあって、部屋を借りることなど考えもしなかった気がします。

杏子が仕事から帰ってくると、僕は彼女の家で朝まですごし、始発の地下鉄で帰って仕事へ出かけ、週末は例外なく杏子のところで連泊し、月曜日の朝に実家に戻るという生活をくり返していました。

杏子と交際をはじめてから二ヶ月ほどが経ったある日、朝から雨が降っていて僕の仕事が休みになったことがありました。いつもなら始発の地下鉄に乗って帰らなければいけませんが、仕事が休みになったことでその必要はなくなり、僕は杏子の家ですごしていました。しかしその日は平日で杏子には仕事があったので、夕方ごろになると彼女から「どうする?」と、訊かれました。

杏子が仕事ならどこかで時間をつぶすしかありません。

ところが杏子は、「わたしが帰ってくるまでここにいる?」といったのです。

そして、そんなことが何度かあり、やがて杏子と同棲することになって、僕は実家に置いてあった荷物を彼女のところに運び入れました。とはいっても、スーツケースに収まるくらいの衣類だけで、ほかに必要になるものはそのつど買い揃えていったのですが。

ただ、杏子の家庭は少し複雑だったので、彼女と生活することに若干の抵抗はありました。

僕が十八歳のときに会社の忘年会で杏子と知り合ったころには、すでに彼女の両親は離婚していて、ひとりっ子の杏子は父親とその内妻である七緒《ななお》さんとともに暮らしていました。そして僕と知り合った直後に父親を病気で亡くしてしまい、杏子は七緒さんと七緒さんの母と三人で生活していたのです。杏子はその後、実家を出て交際相手と同棲していたようですが別れてしまい、母親は再婚してしまっていたことなどから、七緒さんやその母親が住む実家に戻りました。社会通念上、父親が亡くなったあとにその内妻と生活するのはなかなか難しい感じがしますが、七緒さんは気さくで明るい人でしたし、杏子は杏子で人懐っこい性格だったので上手くいっていたのだと思います。そこに僕からの連絡があって、さらにその数ヶ月後に僕と暮らすことになったのです。

そういう事情から、杏子が快く僕を迎え入れてくれたとはいえ、まったくの他人である七緒さんやその母親と一緒に生活することには、少なからず抵抗がありました。抵抗はありましたが、けっきょく僕としては杏子と生活できる上に、母の家を出ることもできるので、彼女と同棲することにしたのです。

こうして、七緒さんと七緒さんの母親、そして杏子と僕の四人の暮らしがはじまりました。

杏子の実家での生活は思ったより快適でした。七緒さんもその母親も気さくな人でしたし、杏子と僕は食事や洗濯などの家事をすべて七緒さんたちと別々に済ませていたので、まったくといってよいほど気兼ねしなくてよかったからです。

杏子は僕と暮らすようになってから毎日弁当をつくってくれるようになり、僕はその弁当と作業着をバッグに詰め込んで始発の地下鉄に乗り、四兄の自宅まで行って作業現場へ向かっていました。

仕事を終えて帰ると、杏子が出勤する前につくり置きしておいてくれる夕食を温めて食事をし、あるいは杏子と一緒に近所で食事を済ませ、彼女が休みの日以外は近くの銭湯に出かけていました。そして土曜日の夜はだいたい杏子と繁華街に出かけ、彼女の知り合いの店で朝まで酒を飲み、翌日の日曜日は昼ごろまで寝てすごすという生活をくり返していました。

しかし、やがてそういう生活にギャンブルがくい込んできます。

杏子の実家の近くには、徒歩数分の場所に何件ものパチンコ店があって、もともと僕も杏子もパチンコやスロットが嫌いではなかったからです。はじめのころは暇つぶし程度でそれほど金銭を使うこともありませんでしたが、何度か大勝ちするうちに熱が入り、それに伴って支出も多くなっていきました。杏子と暮らしはじめた当初は、正月休みなどの連休を利用してよく旅行などをしていましたが、パチンコ店に出入りするようになったこのころは、二人で遠出することもすっかりなくなり、やがて腰痛が悪化したことを理由に、僕は仕事を休んだり、無断欠勤したりすることが多くなりました。とくに、真夏の猛暑が続くようなときは、屋外で働くことよりも、冷房のよく効いたパチンコ店ですごすことを選びました。その結果、仕事に行きづらくなって長く休むことがたびたびありましたが、四兄は僕の腰痛がなぜ起こるようになってしまったのかを理解してくれていましたし、僕も作業に支障が生じないときにしか休まなかったので、四兄から文句をいわれることはあっても、叱られるということはまずありませんでした。四兄からすれば、仕事を休んで困るのは僕自身なのです。

そして見通しの甘い僕は現実に困りました。貯金などほとんどしたことがなく、ギャンブルで大勝ちしても、だいたい散財してしまうかさらにギャンブルにつぎ込むかで、その上、仕事に行ったり行かなかったりしていれば、生活に困ってくるのはあたり前でした。

ただ、家賃を払っていたわけではありませんし、食事もほとんど杏子が用意してくれていたので、それほど生活費がかかっていたというわけでもありません。しかし金銭が底をついて仕事に行くとなると、交通費やタバコ代やらジュース代が必要になってくるので困ります。そこで四兄に頼んで給料の前借りをするのですが、僕はそれを増やそうとしてその日の夜に、あるいは休日にパチンコ店へ行ってしまいます。それで、もくろみどおりに金銭が増えることもあれば、前借りをしたその日にすべての金銭を失ってしまうこともありました。前借りした金銭を失ってしまったときは、いくら兄弟とはいえ、すぐにまた前借りさせてほしいとは話しづらいので途方に暮れることになります。そして途方に暮れても、最終的には四兄に前借りをするしかありません。

しかし、さすがにきまりがわるく、どうしても前借りをできないときがありました。そしてその日の夜、僕は杏子の貯金箱に手をつけてしまったのです。彼女の貯金箱（高さ十五センチくらいの賽銭箱《さいせん》形）には、百円硬貨や五百円硬貨などがぎっしり詰まっていて、二十万円弱はありました。

最初は一度きりだと思って手をつけましたが、一度手をつけてしまうと抑えが利かなくなってしまい、やがて貯金箱の硬貨は目減りしていきました。そして、そろそろ杏子に気づかれるかもしれないと感じたころ、とうとう僕は杏子が使っていなかったブランド物のバッグを勝手に持ち出して質入れしてしまいました。そのバッグは、彼女の誕生日に店のなじみ客がプレゼントしてくれたものでしたが、気に入らないためか、使用せずに押入れの奥にしまってあったのです。

そんなふうに、どんどん杏子の持ちものに手をつけ、あげくの果てには芳江のときと同様にキャッシュカードを使って杏子の預金を引き出してしまいました。なぜ暗証番号を知っていたのか記憶は曖昧ですが、何かの折に杏子から教えられたことは間違いありません。

杏子の預金でパチンコやスロットをして増やし、彼女が気づく前にもとどおりの金額に戻しておけば、怒ることはあってもなんとか許してもらえるだろうと僕は甘く考えていました。

しかし、そんなに上手くいくわけがなく、数十万円を使い込んだところで、僕が杏子のキャッシュカードを持っていることが露顕。杏子が出勤する直前のことでした。

その預金は、実家を出て部屋を借りるために杏子がこつこつと貯めていたものだったので、彼女は相当な憤りとショックを感じたに違いありません。

ところが、杏子は僕からキャッシュカードをとり上げると、何もいわずにハンカチで目尻を押さえて出勤して行き、したたかに酔って帰ってきました。そして小腹がすいたという彼女につき合って近所のラーメン店に行くと、テーブルで僕の向かいに座った杏子は、とつぜん無言でおしぼりを投げつけてきました。僕がそのおしぼりを拾ってテーブルに置くと、彼女はそれを手にして、また投げつけてきました。それを何度も何度もくり返し、けっきょく杏子は頼んだラーメンをほとんど口にせず、何もなかったように——ほんとに何もなかったかのように微笑んで、「帰ろっか」といったのです。

それでこの件は終わりでした。

翌日は杏子が二日酔いになっただけで、僕が預金を使い込んだことを彼女はまったく口にしませんでした。しかも、あとで知ったところによると、このときにはすでに貯金箱のことも、バッグがなくなっていることも、杏子は知っていたようでした。杏子がどうやってこれらのことを消化したのかと考えると、彼女の悲しみや苦しみがいまさら胸に痛く響き、身を裂かれるような思いがします。

しかし、どれだけ苦しい感情も杏子のものに比べれば何でもないのでしょうし、彼女にとってそのときの苦しみは、ほんのはじまりでしかありませんでした。

どういう経緯があったのか、もう記憶が定かではありませんが、少なくとも杏子の預金を使い込んだあと、僕は何度か七緒さんやその母親の現金に手をつけてしまいました。七緒さんはそのことを杏子に打ち明け、聞かされた杏子は自分の部屋に戻ってきて僕の前でぽろぽろと大粒の涙をこぼしながら、自分の財布から札をとり出し、それを七緒さんに渡しに行きました。そして自室に戻ってきた彼女は僕に向かって、「馬鹿!」といっただけで、杏子はこのときも問い詰めようとせず、翌日には何もなかったかのようにふる舞い、七緒さんたちもこのことについて僕にまったく何もいいませんでした。

このときの僕の過ちは、杏子と七緒さんとの特殊な関係とその環境のぶんだけ、杏子に重くのしかかったに違いありません。そのことがさすがにこたえた僕は、それを境に以前よりはまじめに出勤するようになっていき、それまでの生活に比べれば平穏でまっとうな暮らしが長いあいだ続いてくれました。その平穏な暮らしのなかで、杏子といろんな場所へ遊びに行ったのもいまとなってはいい思い出です。たとえば観光ヤナへ鮎を食べに行ったこと、たとえば遊園地へ行ったこと。それは誰にでもある日常的な出来事なのかもしれません。でも、人並に楽しみ、人並に喜び、人並に感動して杏子とすごしたそんな日々は本当に幸せな時期で、事件さえ起こしていなかったらといまでも思います。

杏子の実家で暮らしはじめてから二年ほどが経ったころでしょうか。自分の途轍もなく大きな罪に追い詰められるような出来事がありました。

杏子の妊娠です。

はじめはただ彼女の月経が遅れているだけなのだろうと楽観していましたが、いつもより二週間過ぎても月経がないとなると、妊娠という言葉がやっと現実味を帯び、僕と杏子は簡易検査キットを購入しました。結果は陽性でした。

反応が陽性だったことで、さらに妊娠検査キットを購入するために近くのドラッグストアに走りましたが結果は変わらず、産婦人科に行ってようやく僕も杏子も妊娠の事実を受けとめることができました。

産婦人科の診察を受けた日、杏子は動揺していたのか、単純に喜んだりはしませんでした。それまでの僕との生活をふり返れば当然のことだったかもしれません。

ところがその翌日の彼女は違いました。何かをふっ切ったような杏子は、目が合うとにっこりしながら小首を傾け、「パパ」と僕にいいながら自分のお腹をさするのです。その仕草から杏子が産むつもりなのだと、さすがに僕でもわかりました。しかし、脳裏に碧南事件のことが浮かんで素直に喜ぶことなどできず、ずるずると日にちだけがすぎていってしまいました。

もちろん、できるなら杏子に子供を産んでほしいと思いました。でも、碧南事件のことを考えると、いつ逮捕されてもおかしくない僕の子供を産んでもらうわけにはいきません。結婚など考える余地もないです。もしかすると、事件のことをすっかり打ち明けた上で出産の有無を杏子に判断してもらうのがいちばんよかったのかもしれませんし、そのほうが彼女のためだったのかもしれません。でもさすがに事件のことを彼女に話す気にはなれませんでした。

いつ逮捕されるかわからないのに、生まれてくる子供を幸せにできるだろうか、そんな僕の子として生まれてきて、その子供は果たして幸せでいられるのだろうかと考えると、罪悪感が喉もとに迫り上がってきて息苦しさのようなものを感じました。その苦しみは嬉々とした杏子の姿を目にするたびに訪れました。

ところが、その苦しみは唐突に終わりを迎え、杏子も僕も何の前触れもなくさらなる悲しみへとつき落とされることとなるのです。

杏子が検診のために産婦人科へ行った日の夕方ごろ、とつぜん彼女が腹痛に襲われました。翌日もその腹痛は収まりません。あまりに杏子の顔色がわるかったので産婦人科に行くと、前日まで間違いなくあった胎児の鼓動がとまっていたのです。

何が原因だったのか確かなことはわからずじまいでしたが、もしかすると僕が出産のことについて煮え切らない態度をとっていたことが不安となって胎児に影響したのかもしれません。

この出来事によって、杏子に出産をあきらめてくれという必要がなくなったので、僕にとっては都合がよかったことは認めざるをえませんが、いくら胎児とはいえ自分の子供が亡くなるというのは複雑な心境でしたし、杏子のしょんぼりした顔を見ているのもつらいことでした。

さらにわるいことには、この出来事のあと杏子はパニック症にかかってしまい、酒を飲まないと出勤できないようになってしばらく通院を余儀なくされてしまいました。それまでの積もりに積もった心痛も関係していたに違いありません。

そしてこのころから僕と杏子は、それぞれの給料をひとつにまとめて使うようになり、徐々に消費者金融で借金をするようになっていきました。主な用途はパチンコやスロットの資金でした。それも、すべて杏子名義の借金で、多いときには借り入れが百万円を超えてしまっていました。借金がすべて杏子名義だったのは、僕が自分の借金を返済しておらず、新たな借り入れができなかったためです。僕は自分の体裁を保つためにそれを杏子に話さず、なぜか自分では借り入れができないと誤魔化していました。


杏子名義の借金が百万円くらいになったあたりから、僕と杏子は相談して彼女のバッグなどを質入れするようになりましたが、しかし、そこまでいくとさすがにギャンブルから距離をおくようになり、やがて杏子の借金も少しずつ減っていきました。

そして僕が仕事で怪我をしてしまって仕事を一ヶ月ほど休んだときに、杏子と話し合って二人で彼女の実家から出ることにしました。いつまでも七緒さんと暮らしているわけにはいかないと感じていましたし、環境の変化が彼女のパニック症を少しでも快方に向かわせてくれるのではないかと思ったことも理由にありました。これは平成十六年の夏のことで、僕が二十九歳、杏子が三十二歳の年のことです。ちなみに賃貸契約をしたのは杏子でした。

引っ越し先は名古屋の中心部にあるマンションで、杏子の勤め先がある錦三までタクシーなら初乗運賃で行ける距離でした。一DKで十三万五千円の家賃は決して安くはありませんが、新築で設備が充実していて、セキュリティーもしっかりしていましたし、僕と杏子の給料を合わせれば借金を返済しながらの生活でも楽に払える家賃でした。そして何よりも、ペットが飼えることが決め手となったのです。

引っ越しの日に七緒さんから、「杏子を泣かせるんじゃないわよ」と、くぎを刺されたことは鮮明な記憶としてあります。けっきょく杏子を泣かせることになってしまったからです。

僕と杏子と一匹の犬（ミニチュアダックスの雄で名前はビビ）との生活は順調にはじまり、この引っ越しを機にパチンコなどのギャンブルをやめたので、生活は安定しました。

他方で、僕はダーツにはまっていきました。三本の矢を的《まと》に向かって投げるあのダーツです。きっかけは杏子の行きつけである飲み屋の店主がダーツバーをはじめたことでした。そのダーツバーに通いはじめたときは、酒を飲みながら遊び程度にダーツをやるだけでしたが、やがて夢中になって競技志向になっていき、リーグ戦や大会に出たり、ほかのダーツバーなどへも頻繁に通うようになりました。とはいっても、まじめに仕事をしていれば生活に困るような出費ではありません。

このころは、もう碧南事件で捕まることはないんじゃないかという感じがしてしまうほど、生活が充実していて、事件のことは漠然とした記憶のように薄れていました。

そしてそんな順調な生活のなかで、ある日の夜に元妻の香澄から携帯電話に連絡があり「再婚することになったから」といわれて悲しみに暮れることとなりました。離婚してから約七年が経っていて、長男が十一歳、次男が九歳くらいのときのことでした。

香澄との離婚は自業自得で当然の帰結でしたし、彼女の再婚を反対する理由も権利もありません。ただ、とつぜんの出来事だっただけに、二人の子供が他人の手に渡り、もう二度と自分の手の届かないところに行ってしまうような感じがして、その哀しみが胸の奥から迫り上がってきました。自分でも思わぬ反応でした。香澄に「幸せになれよ」と、ひと言でも伝えたかったのですが、いまにも涙があふれ出てきそうだった僕は、再婚するからという香澄の言葉に「わかった」と素っ気なく答えただけで通話を切ってしまいました。通話を切った途端、目の奥が熱くなって涙があとからあとからあふれだし、なぜ、香澄はわざわざ電話をかけてきたのだろうかと考えていたら、その夜はなかなか寝つけませんでした。彼女の性格からすると、単なる決別の電話とは思えなかったからです。

新生活の一年目は順調でしたが、生活に慣れていくにしたがってふたたびパチンコ店に出入りするようになってしまい、杏子の借金は増えたり減ったりをくり返しました。やがて彼女の実家で暮らしていたときよりも借り入れが増えてしまいましたが、しかしそれでもなんとか借金を少しずつ返して生活が困らないような暮らしはできていました。

でも二年目の夏、あまりの暑さや腰痛などから僕は無断欠勤をするようになり、そのぶんパチンコ店への出入りが増えて、開店から閉店ごろまでパチンコ店ですごし、夜はダーツバーへ行くというような日が多くなっていきました。ただ、生活に困るほどの収入がなくなったわけではなく、知り合いのところでアルバイトをさせてもらったりしていたので、それなりの収入はありました。

そういう生活をするようになった直後、中学の同級生である留美《るみ》という女性とたまたま電話で話すことがありました。地元で僕の友人たちが集まって飲んでいて、そこにいた留美がその友人たちに電話をかけてくれと頼んだようです。

留美とは中学卒業後に何度か顔を合わせていましたが、連絡先は知らなかったので、このときに電話番号やメールアドレスを交換して会う約束をし、数日後の七月七日の夜に、名古屋中心部にあるテレビ塔で待ち合わせをしました。

数年ぶりに会った留美は下着が見えそうなほど短いスカートを穿き、ブランド物の大きなバッグを持って若々しい格好をしていましたが、それはひかえめにいっても派手で、キャバクラなどの水商売を職業にしているようにしか見えませんでした。ただ、どちらかというと童顔で小柄な留美には似合っていましたし、とても同級生とは思えないほど若く見えたことも確かでした。

僕は待ち合わせ場所だったテレビ塔近くの居酒屋に留美を連れて行き、そこでお互いの近況を話して、彼女が風俗で働いていることや、子供が二人いること、それに子供の父親とは離婚しているということを知りました。

留美は僕と同様に中学しか出ていません。しかもその中学時代はまともに勉強などせず薬物に依存していました。そんな留美が働けるところといえば、水商売や風俗などしかなく、二人の子供を抱えて生活するとなると、職業は限られたようでした。

留美の話によると、彼女は中学卒業後に薬物依存で施設に入所していたらしいですが、再会したときの留美は言葉の端々に幼さが見え隠れするくらいで、そのほかは普通の女性と変わりませんでした。

留美と再会した日、彼女は子供を託児所にあずけていたので、僕はあまり遅くなってもいけないような気がして、この日は居酒屋を出て留美とは別れましたが、これを境に僕と留美は頻繁に会うようになっていきました。僕の住まいと彼女の住まいがとても近かったことがその理由にあります。

　そして自然な成り行きで留美と肉体関係を持ってしまい、夜中から朝方にかけて彼女とすごすことが多くなっていきました。杏子にはダーツバーにいたと話せばいいだけでした。杏子がダーツバーに顔を出すことはほとんどなかったので、不審に思われることはありません。

　留美と肉体関係を持った経緯について誤解があってもいけないので、彼女が捜査員に話した一部を掲載しておきます。

「僕と堀くんが交際するようになったきっかけは、平成十八年七月七日に、堀くんと二人で遊びに行ったことでした。

　僕と堀くんとは、地元が一緒だったので、何かのときに顔を見かけたりすることはありましたが、特に付き合っていたわけでもなかったので、それまで二人だけで出かけたことはありませんでした。

　堀くんは、知り合いの女の子たちの中でも昔から人気が高く、僕にとっても『かっこいいな』と思う相手でした。

　そのような相手と、久しぶりに会って、初めて二人きりで出かけた日が七夕であったことから、何か運命的なものを感じたので、日付についてもよく覚えているのです」

　つまり、肉体関係を持つようになったことには、留美の気持ちも多分に影響していたのです。

守山事件のきっかけとなる電話がかかってきたのは、留美と再会した数日後の夕方ごろでした。

「おい、飲みに連れて行ってくれ」

碧南事件の共犯者である阿藤は、僕が電話に出るなりそういいました。

阿藤は僕の勤め先である四兄のところに何度か手伝いにきたことがあり、給料日を知っていたことからこのような電話をかけてきたようです。このときの僕は仕事を休んでいましたが、六月分の給料が四兄から振り込まれたばかりでした。捜査記録によると、二〇〇六（平成十八）年七月五日に四十三万円が兄から振り込まれています。杏子の給料がおよそ三十万円であることも、ここでつけ加えておきます。つまり僕は生活に困窮するほど金銭に困っていたわけではありません。

阿藤にはどうやら行きつけの飲み屋があったようで、彼はそこに連れて行けといいました。

「中学の同級生で北川っているだろ。その北川がやってる店だ」

阿藤が口にした北川とは、中学の同窓生である北川美咲のことでした。

なぜ僕と北川美咲のことを阿藤が知っていたのかは訊いたはずですが、いまとなってはもう覚えていません。おそらく阿藤が北川美咲に僕のことを話し、それで彼女と僕が中学時代の同級生だと知ったのでしょう。それくらいしか考えられません。

比較的まじめだった北川美咲が飲み屋をやっていることが意外でしたし、彼女とは成人式以来会っていなかったので、久しぶりに顔を見てみたいとは思いましたが、阿藤から場所を訊くと彼の自宅寄りにその店があって、僕のところからでは遠すぎたのでめんどうになり断りました。ところが阿藤は車で迎えに行くとまでいってあきらめなかったので、僕はしぶしぶ了承して通話を切ることにしたのです。

しかし、このころはダーツばかりで飲酒することがほとんどなかったことや、阿藤は単に金がなくて酒をおごってもらいたいだけなのだろうと思ったことなどから、わざわざ迎えにくるのなら近くで飲んだほうが僕にとっては都合がいいと考え、阿藤に電話をして近所のダーツバーへ行かないかと話しました。しかしそれでも阿藤はどうしても北川美咲の店に行きたいのだといって譲ろうとせず、僕は僕でダーツがしたかったので阿藤と飲みに行くのを断わって通話を切りました。

さらに、それから数分後にまた阿藤から電話がかかってきて、「いまからそっちに行ってもいいか」といわれたのでわけを訊いてみると、「そっちに行ってから話す」とだけいって阿藤は通話を切ってしまったのです。

杏子が出勤してしばらくしたころに阿藤はやってきました。

「じつは金に困っている。何かやらないか」

部屋に上がってきた阿藤は唐突にそういいました。

阿藤が口にした「何か」とは、碧南事件や自販機荒らしを経験していたことから、犯罪によって金銭を手に入れることだとすぐにわかりました。

しかし既述のとおり、このときの僕は金銭に困っていませんでしたし、犯罪に抵抗を感じてもいたので、「数万円なら貸せないこともない」と阿藤に話しました。しかし、それでは足りないようなことを阿藤が口にしたので、「強盗でもやるつもりなのか」と問うと、金がいるからといわれました。金銭が必要な理由は訊いていません。どうでもいいほど阿藤の話に驚いていたからでした。捜査後の現在は、彼が車のローンの支払いや生活費に困っていたことがわかっています。

ちなみに阿藤は、繁華街の飲み屋で僕から犯行を持ちかけられたと供述していますが、考えてみてください。話題とするのは重大な犯罪行為です。誰に聞かれるかもわからないのに、わざわざ飲み屋に出かけて犯罪の話をするわけがありません。それに、思い出してください。自販機荒らしも阿藤から言われたことでした。犯罪だからといって僕から誘うとはかぎらないのです。

僕は碧南事件のことを思い出して阿藤の誘いにためらいを感じたものの、碧南事件は僕の都合が発端となっていたことを考えると、阿藤の誘いを断わりきることができませんでした。

ただ、何かをやるといっても具体的なことがすぐに思い浮かんだわけではありません。阿藤が僕のところにやってきた翌日のことだったと思いますが、仕事で使用していたA4ファイルがたまたま目につき、二年くらい前に新築の外壁工事をした現場を思い出して、押し入り強盗をしようと決めたのでした。その家の主《あるじ》は年輩の女性で、独り暮らしだということを現場関係者から聞いていて、僕はそのことを記憶していました。目にとまったファイルには、その家の仕様や図面、そして施工主の名前や住所などをプリントしたものが挟んでありました。四兄のもとでは数人の従業員が何班かに分かれていて、そのうちのひとつを僕が任されていたので、自分が担当した現場の手配書や図面などは保管していたのです。ちなみに僕が工事に関係していたといっても、施工主の方と顔を合わせていたわけではありません。

ただ単に、年輩の女性が独り暮らしだからという理由だけでその家を狙ったわけではなく、年輩の女性が家を建てるということは、それなりに財産を持っているのだろうと思ったことも理由にありました。むしろそのことのほうが大きな理由だった気がします。危害を加えなければいいという気持ちもありました。

そして阿藤にそれらのことを話し、二〇〇六（平成十八）年七月十九日に二人で名古屋市東部にある守山区まで行き、早坂邸の下見をおこないました。

下見の結果、表札の名前が変わっていなかったことや、年輩の方が乗るような自転車が停めてあったことなどから住人が変わっていないことがわかり、僕と阿藤は翌日に強盗を実行することにして車内で具体的な計画を立てました。

犯行に使用する道具は、新品の粘着テープが阿藤の自宅にあり、脅かすために使う包丁もあるといわれたので、それらのことは彼に任せ、僕は早坂さんに住宅メーカーの人間だと信用してもらうための道具、つまり外壁工事の際に使用した手配書や図面を用意するだけで済みました。もちろん服装についても話し合い、できるかぎりサラリーマンのような格好で合わせようということになっていました。

そして下見のあと、僕は阿藤の自宅から彼の車を運転して帰宅。距離的なことから、翌日の犯行日は僕が阿藤を迎えに行き、そこから早坂邸に向かったほうが早かったからです。

三．犯行状況

二〇〇六（平成十八）年七月二十日、僕は早坂邸の工事で使用した手配書や図面が挟んであるファイルを小さめの紙袋に入れ、杏子に実家へ行ってくると伝えて午前九時ごろにマンションを出ました。

阿藤の自宅に着くと、彼から朝食を食べたいといわれたので、僕たちは近くにあるファミレスに行って食事をし、阿藤の着替えや道具の準備のためにふたたび彼の自宅へ戻りました。そのとき僕は自分が準備した紙袋からファイルを抜きとり、その紙袋を渡して僕は車内に残りました。紙袋は粘着テープや包丁を入れるために渡したものです。そうして準備をととのえ、早坂邸に向かいました。

阿藤の自宅から早坂邸までは三十分ほどでした。僕たちはその移動中の車内でだいたいの役割を決め、僕が早坂さんと話をしているあいだに阿藤が包丁をとり出して脅し、二人で縛りあげることになりました。その後は阿藤が早坂さんを見張り、僕が物色という計画です。

僕たちは早坂邸から二百メートルほど離れた堤防道路に車を停めて、そこから歩くことに。このとき僕はＡ４ファイルを手に持ち、軍手をスラックスのポケットに入れ、阿藤は包丁と粘着テープと軍手が入っている紙袋を持っていました。顔を隠すようなものはありません。防犯カメラがあるなら顔を隠すものを用意したかもしれませんが、覆面をするわけにはいきませんし、帽子やマスクも怪しまれると思ったからです。それに顔を見られるのは、粘着テープで早坂さんの目を塞ぐまでのわずかなあいだでしかなかったので、顔を覚えられることはないだろうと考えていました。実際に早坂さんは僕たちの顔を覚えていません。

僕たちは平屋の早坂邸まで歩き、僕が玄関横のインターホンを押しました。少しすると早坂さんが応答し、僕が住宅メーカーからきたことを伝えた上で、「ガス機器などの点検にきました」と説明すると、早坂さんは疑うことなく玄関をあけて家に上げてくれたのです。

僕たちは早坂さん以外に人がいないかどうかを事前に確認していませんでしたが、もしほかに人がいたら強盗などせず、点検するふりをして帰れば済むと考えていました。

早坂邸は平屋で、主として寝室、リビング、洋間の三室です。

僕と阿藤はリビングに通され、僕がまずリビングと続きになっている浴室に入り、窓をあけたり、水道の蛇口をひねったりしながら、手に持っていたファイルに何かを書き込むふりをしていました。

その後、リビングに戻ったところで、大きな窓が目について冷やりとしました。窓が大きいぶん、これから自分たちがやることを誰かに観られるような気がして心配になり、僕はすぐにその掃き出し窓をあけて外をうかがいました。すると浴室の外壁に設置されているガス機器が目についたので、リビングからウッドデッキに出て、そのガス機器を触りながら点検を装うことに。そして、しばらくガス機器を触ってからリビングに戻り、窓を閉めたあとに、ブラインドを何気なく腰のあたりまで下ろしておいたのです。

早坂さんの供述によると、このときの僕の行動は不審に思われたようですが、まさか強盗に遭うなどと思いもしなかったので、さほど気にしていなかったみたいです。

僕たちの計画では、阿藤が状況を見て早坂さんに襲いかかる予定でしたが、僕がブラインドを下ろしたあとも彼はその行動にでなかったので、僕はふたたび浴室に入って点検のふりをすることにしました。洗面所を抜けて浴室に入ったのは僕だけです。

その直後でした。

リビングのほうで物音がしたので、僕は阿藤が早坂さんに襲いかかったのかもしれないと思い、浴室から出てリビングへ。

ところが、そこで目にしたのは、予想外の光景でした。あまりのことに一瞬動けませんでした。阿藤がひものようなもので早坂さんの首を絞めていたのです。僕が耳にした物音は、包丁の入った紙袋が床に落ちたときの音だったのかもしれません。

早坂さんの話によれば、阿藤がとつぜん目の前に立ち塞がって首を絞めてきたということでした。

阿藤が持っていたひものようなものは、端子プラグのついたAVコードのようなものだった気がします。まさか阿藤が早坂さんの首を絞めるなんて思いもしなかったので僕は驚き、手にしていたファイルを思わず落としてしまいました。そして、「殺すなよ」と、慌てて阿藤にいいました。僕のその言葉を早坂さんははっきりと聞いていて、調書にも記載されています。

阿藤は僕の言葉でひものようなものを放し、床上にあった紙袋のなかから包丁をとり出すと、それを早坂さんにつきつけながらリビングと続きになっている寝室に移動して、早坂さんをベッドに座らせました。

僕は紙袋のなかの粘着テープを持ってあとを追いましたが、寝室に入った瞬間、正面にある細長い三つの窓が目につき、その窓が家の前の道路に面していたので、阿藤の近くに粘着テープを置いてから窓に駆け寄ってロールカーテンを下ろそうとしました。しかし、そのロールカーテンは下に引っ張って簡単に下ろせるようなものではなかったので、操作に手間どってしまいました。

阿藤はそのあいだに、早坂さんの目や口を粘着テープで塞ごうとしていたようですが、早坂さんから「白内障の手術をしたばかりだから目だけはやめてほしい」といわれて抵抗されたので、けっきょく目と口だけでなく、手足も縛ることができず、包丁で脅しながら早坂さんを押さえつけるしかありませんでした。

　その後、阿藤は早坂さんに「静かにしてくれ」といいながら、髪に巻きついてしまった粘着テープをはがして早坂さんを見張り、そのあいだに僕は家のなかを物色しました。

　押入れ、リビングの棚や物入れ、仏壇のひきだしやバッグのなかなどを手あたりしだいに見ていき、現金の入った財布や見舞い金の入った「のし袋」、カード類や貴金属、それに高さ四十センチくらいの小型金庫を見つけました。

　カード類を見つけたときには、阿藤が早坂さんに暗証番号を訊いていましたが、「娘が管理しているからわからない」といわれ、早坂さんは教えてくれなかったようです。

　金庫をあけるにもすぐには鍵が見つからなかったため、僕は金庫を持ち去ろうと思い、ファスナーつき座布団ケースに金庫を入れることにしました。そしてこのとき僕が、「これを運ぶのはきついな」というと、阿藤が車を持ってくるかと口にしました。この会話によって、早坂さんは僕たちが車できたのだと気づいたようです。

　そのあと、僕はふとインターホンが気になりました。僕と杏子が住んでいたマンションのインターホンには録画機能がついていたので、もしかすると早坂邸のインターホンにもそういった機能がついているかもしれないと思ったのです。それで僕は、リビングの壁にとりつけられていたモニターつきインターホンのボタンなどを操作してみました。しかし、録画機能がついているかどうかわからなかったので、強引に外すことにしたのですが、引っ張ったりしてもなかなか外すことができなかったため、インターホンの側面を掌《てのひら》で思いきり叩きつけてようやく外しました。

その直後でした。

とつぜん寝室のほうから「バタン！」と音がしたのでふり向くと、阿藤が仰けの早坂さんに馬乗りになってひものようなものでまたしても首を絞めていたのです。はっきりとはわかりませんが、阿藤が使っていたひものようなものは、リビングで首を絞めたときのものかもしれません。もしかすると早坂さんの首に巻きついたままだったものを、ふたたび絞めた可能性もあります。バタンという音がする前、寝室から何か話し声のようなものが聞こえていた気がするのですが、暗証番号のことか何かを訊いているのだろうと思い、あまり気にとめなかったのだと思います。

阿藤の首絞め行為を目のあたりにした僕は、「やめろ！　馬鹿、殺すな！」などと彼にいいましたが、阿藤は首絞め行為をやめようとしなかったので、僕は外したインターホンをその場に置いて阿藤に駆け寄りました。駆け寄って行くと阿藤はひものようなものを手放して早坂さんから降りましたが、僕が早坂さんの首に巻きついていたひものようなものを外したときには、すでに早坂さんはぐったりとして意識がないようでした。ただ、ひものようなものを外したときに、風船から空気が勢いよく抜けるような音が早坂さんの口から聞こえたので、亡くなっていないことはわかってほっとしました。

そして阿藤に、「もういいから、早く車をとってこい」と話し、僕は彼が車をとりに行っているあいだに、見つけた貴金属や財布、引きはがしたインターホン、粘着テープや包丁、早坂さんの首に巻きついていたひもなどを金庫が入っている座布団ケースのなかに入れて、それを玄関まで運んだりしていました。

その後、阿藤がなかなか戻ってこなかったことから外をそっとうかがうと、早坂邸の駐車スペースに阿藤の車が停まっていたので、僕は金庫を抱えて玄関を出ました。そして金庫を積み込み早坂邸をあとにしましたが、車が走りだした直後に、ふと忘れものをしてしまったことに気づきました。早坂邸に上がり込む際に僕が持っていたファイルです。そのファイルには、早坂邸の図面などが挟んであります。そんなものが犯行現場にあったら、犯人が僕たちだとすぐに発覚してしまいます。そう思った僕は阿藤にそのことを話し、ふたたび早坂邸に戻って恐る恐る玄関をあけました。

ファイルを置き忘れた場所は見当がついていて、玄関を入った僕は真っすぐ浴室のほうに向かいました。ファイルはリビングと浴室のあいだの床上に落ちていました。

玄関を出る前に早坂さんをちらりと見ましたが、そのときはまだ気を失っていたようでした。

早坂邸をあとにした僕たちは阿藤の自宅に向かいました。そして金庫をこじあける道具がなかったことや、阿藤がアリバイづくりにパチンコ店に行くといったことなどから、僕は座布団ケースのなかから現金をとり出して彼に手渡し、阿藤がバールを買って戻ってくるまでの時間を、早坂さんから奪った財布のなかを見たりしながらすごしていました。

阿藤が戻ってきたのは、出かけてから一時間ほど経ったころです。彼が買ってきたバールで、僕たちはすぐに金庫をこじあけました。あけるには時間がかかりましたが、難しいことではありません。

ところが、金庫のなかは書類ばかりで、金目のものはなかったのです。

僕たちはすぐに金庫を捨てに行くことにして部屋を出ましたが、阿藤の提案により、金庫を捨てに行ってから、早坂さんのカード（どういう種類のカードだったのかは覚えていない）で、現金を引き出しに行くことになりました。

阿藤の案内で行った場所で、僕たちは金庫とインターホンを捨て（包丁と粘着テープは阿藤が持ち帰った）、その後、阿藤が食事をしたいといったので、彼が知っている中華料理店に向かいました。そして、食事をしてから阿藤の案内で近くのATMに行くこととなったのです。

僕たちはATMから離れた場所に車を停めてから、暗証番号のことについて話し合い、早坂さんの財布に入っていた運転免許証か何かを見ながらいくつかの番号を決めましたが、どれも深く考えて決めたものではありませんでした。

現金の引き出し役は阿藤が自分から引き受け、彼は車に積んであった帽子をかぶって車を降りて行きましたが、当然に暗証番号が合うわけがなく、けっきょく現金の引き出しは失敗してしまいました。

その後、僕は阿藤に自宅まで送ってもらい、早坂さんから奪った貴金属は処分できないと阿藤がいったので、それは僕が分け前として彼から受けとり、阿藤は現金十数万円を自分のとり分としました。受けとった貴金属は持ち帰り、杏子に見つからないように、僕は外廊下にある物置きに隠しておきました。

守山事件については、被害者である早坂さんの供述調書があります。とくに事件直後のものは、僕がここで述べた内容とほぼ一致していることをつけ加えておきます。

第三章

千種事件（闇サイト事件）

一．事件の概要

闇の職業安定所という、いわゆる闇サイトで知り合った神田と川口と僕は、二〇〇七（平成十九）年八月二十四日の深夜に名古屋市千種区の路上で糸原さんという当時三十一歳の女性を車に連れ込んで拉致し、愛知県愛西市にある飲食店の駐車場まで連れて行き、現金数万円とキャッシュカードなどを奪った上で、カードの暗証番号を訊きだして殺害してしまった。二十五日の午前一時ごろのことだった。その後、岐阜県の山中にその遺体を遺棄した。そして預金を引き出そうと銀行ＡＴＭに行ったが、暗証番号が合わなかったため目的を遂げることができなかった。

二．犯行までの生活状況等（犯行に至る経緯）

僕は、守山事件のあともパチンコ店に出入りし、夜はダーツバーに通うという生活を続けていました。

そして守山事件から二日後の二〇〇六（平成十八）年七月二十二日、僕は早坂さんから奪ったものを早く手放したかったため、まずは現金になりそうなブランド物の財布を質入れ。財布には番号が記されていましたが、それは固有番号ではなく、製造場所と製造年月日をアルファベットや数字で表わしたものだというくらいの知識はあったので、それで足がつくことはないと思っていました。

また、二〇〇六（平成十八）年八月五日には、早坂さんから奪った貴金属（ブローチなど）を財布と同様に質入れして数万円を手にしました。これといった特徴のあるものではなく、固有番号のようなものがあるわけでもなかったので、これも足がつくことはないと思っていました。実際に財布も貴金属も、僕が逮捕されてから所在が明らかになって、それが早坂さんのものだと判明したのです。ただ、ブローチについてはほとんど一点もので、年輩の方に人気のある希少なものだったと、あとになって取調べ官から教えられて知りました。

奪ったものを二回に分けて質入れしたことにはわけがあります。

最初は捨てることも考えました。しかしどうせなら現金にしたほうがいいと思い、とりあえず見た感じ現金になりそうな財布を質入れしたのですが、その直後に、住んでいたマンションの管理会社から外廊下にある物置は使用しないでくれといわれ、その物置に隠しておいた貴金属を処分することにしたのです。金銭に困って処分したわけではありません。

そのように奪ったものを処分していき、最後に残ったのがネックレスでした。僕はそのネックレスを留美にプレゼントしました。固有番号のようなものが彫られていたので質入れしなかったのです。質入れができず、持っていても仕方がありませんでしたし、捨てるというのもなんだかもったいない気がしたので留美へのプレゼントにしたのですが、人から奪ったものを渡すことにまったく胸が痛まなかったというわけではありません。留美がそのネックレスを手放してしまえば、守山事件のことが露顕する可能性があると思ってためらいもしましたが、けっきょく留美を喜ばせるための道具として使ってしまいました。ただ、いまだから正直なことをいうと、留美に対して恋愛感情のようなものはほとんどありませんでした。僕のなかでは常に杏子がいちばんでした。だからこそ、ネックレスを杏子には渡せなかったのです。

被害品であるネックレスを留美に渡したあと、ある日とつぜん彼女から百万あげるからいまの彼女と別れてくれといわれました。留美は事件の捜査でそのことについては話したくないと供述して、調書にはそのように記載されています。彼女が百万円のやりとりについて覚えているのかどうかわかりませんが、留美が「百万円あげるからいまの彼女と別れてくれ」といわなければ、僕が留美から現金を受けとることはなかったはずです。

留美がすぐに大金を出したことで、彼女にはそこそこの貯えがあるように思った僕は、杏子との関係をどうにか保ちながら留美との交際も続け、なんとか上手く金銭を引っ張れないだろうかと企てました。そして杏子には、岐阜に住んでいる父親のもとでしばらく土木の仕事をしながら生活すると話し、留美には、杏子と別れると住むところがなくなるので同棲させてくれと話しました。

杏子は疑うことなく僕の話を信じてくれたようで、家を出る日、彼女はビビと一緒にマンションの下までついてきてくれて、着替えなどの荷物を持ってタクシーに乗り込んだ僕を見送ってくれました。しかし、僕が向かったのは十五分ほどの留美のマンションでした。

そうして留美との同棲生活がはじまっていったのです。

留美と暮らすようになると、昼間はだいたい彼女の家事を手伝い、夜は留美が出勤するときに二人の子供（七歳くらいの長男と、五歳くらいの長女）を連れて僕もタクシーに乗り、留美が勤める風俗店の近くで彼女を降ろしてから、僕は子供たちを託児所に送り届けてダーツバーに行っていました。託児所からダーツバーまでは徒歩五分くらいの距離でした。

帰りは、ダーツバーの近くで留美と待ち合せ、あるいは彼女がダーツバーまできて、そこから子供たちを迎えに行ってタクシーで帰宅する。帰りは深夜なので、もちろん子供たちはいつもぐっすりと眠っていました。

託児所はマンションの上階にあったので、留美は僕と同棲するまで、いつもタクシーを託児所の下に待たせておいて、眠っている子供を一人ずつ迎えに行っていたようでした。つまり、どんなに雨風が強くても二往復していたのです。ただでさえ小柄なのに、その上、勤めを終えてからとなれば相当な労力だったに違いありません。

僕は留美と同棲する前に、ダーツにのめり込んで仕事をしていないと彼女に話していたので、留美はほとんど毎日、僕に一万円くらいの小遣いを渡してくれていました。留美の給料は日払いで、だいたい三万円～五万円くらいでしたが、彼女はたまにデリヘルもやっていたらしく、留美の話によると、そういうときは一日で十万円くらいの収入があったようです。月の収入にすると、それだけで六十万～七十万の収入になります。そのほかにも前夫からの養育費や、県や市などからの福祉手当てもありました。つまり留美は所得を偽って、福祉手当てを不正受給していたのです。児童手当てなどを給付してもらっている母子家庭が、家賃十万円のマンションに住めるわけがありません。

僕は留美が不正受給しているという事実を知ってから、彼女に数十万単位で借金をするようになりました。理由はそのつど様々で、誰々から借金をしているのでそれを返済しなければならないと話したときもありましたし、何も理由を話さず、頼むから貸してくれといったときもあり、少なくともそういうことが二回はあったことが判明しています。

二〇〇六（平成十八）年九月十三日に三十五万円
二〇〇六（平成十八）年十二月五日に二十六万円

十二月五日のものがなぜ二十六万円という半端な額なのかはよく覚えていませんが、これは留美の通帳に記載されていた数字なので間違いありません。それに僕もその額を借りたことを覚えています。

この現金は半分くらいを杏子に渡し、あとは友人からの借金の返済や遊興費にあてました。もちろん杏子には、父親のもとで働いて稼いだ一部だと話しておきました。杏子の給料だけでは、消費者金融からの借金やマンションの家賃を払いながら生活することは少し無理があるのかなと思っていたので、ある程度まとまった現金を渡しておくことにしたのです。ただ、あとになって知ったところによると、杏子はどうやら客からのチップなどでやり繰りしていて、生活が困窮するようなことはなかったみたいです。とはいえ、決して楽な生活ではなく、僕のせいでそんな暮らしをさせてしまったことに変わりはないので、それを思うといまさらながら胸が痛みます。

留美との同棲生活は新鮮味にあふれ、とても刺激的でした。生活の心配をせずに好きなことができて、出費はすべて留美が持つのでこの上ないような暮らしです。

しかし、ただ単に留美に甘えていたわけでもありませんでした。留美は託児所を毎日のように利用していて、その料金は毎月十数万円にもなっていたので、さすがにその出費はよくないと思い、夜はできるかぎり僕が子供たちのめんどうを見ることにして、託児所の利用をなるべくひかえさせました。子供たちは僕になついていましたし、僕も子供は嫌いではないので毎日めんどうを見てもよかったのですが、子供たちが託児所で遊ぶことを楽しみにしていたので、それをとり上げるようなことはできませんでした。

そのほかにも、留美が家でほとんど料理をしなかったので、代わりに僕が子供たちの食事を用意し、ときには遠足に持っていく弁当などもつくったりしていました。留美の料理といえば、せいぜい食パンを焼くかレトルトのカレーやミートボールを温めるくらいだったので、さすがに見かねて僕が料理をするようになったのです。

僕が留美と同棲する前は、どういう食生活をしていたのだろうと思うかもしれませんが、そもそも子供が家で食事をすること自体が少なかったので困ることはなかったようです。平日の朝はパン、昼は学校や幼稚園の給食、夜は託児所で食事が出されます。休日は外食かコンビニ、あるいはインスタント食品で済ませていたようです。留美はもっぱら外食で、出勤の日はほとんど店で出前をとっていました。

そんな食生活の結果、子供は食事すること自体を嫌がり、好き嫌いが多くなってしまっていました。留美いわく、結婚していたときは頻繁に料理をしていたらしいですが、包丁の持ち方や米の研ぎ方からすると、まともな料理ができるとはとても思えませんでした。彼女なりに努力していたようですが、実際、僕と暮らしているあいだに留美がまともな料理をしたことはほとんどありません。

そんなふうに家事や子育ての手伝いをしていましたが、僕が留美から無節操な甘やかしを受けるぶんだけ、干渉も大きくなって束縛につながっていたわけで、それを我慢して家事や子育ての手伝いをするのは、決して楽なことではありませんでした。たとえば留美が出勤して僕がダーツバーにいるとき、彼女は客がついていない待機中に必ず何度も電話をかけてきました。しかも僕が出るまで携帯電話を鳴らし続け、携帯がつながらないと店の電話にかけてくる。さらに留美は、僕がよく行くダーツバーに自分の友人を客として通わせ、自分がいないところで僕が何をやって何を話しているのかということまで探っていたようです。

生活に不自由しないぶん、そんなふうに精神的な犠牲を払ったりすることもありましたが、暮らしはおおむね順調だった気がします。ただし、それは同棲当初のことで、徐々に息苦しい生活へと変わっていきました。

まず、留美の奇行が目につきはじめました。

たとえば彼女と外食したとき、注文した料理ができあがる間ぎわくらいになって、「やっぱりいらない」と注文を変えることがあったり、昼どきの混雑しているコンビニのレジで会計しているとき、とつぜん財布をレジに投げ出して商品棚に走って行き、独り言を呟きながら買い忘れたものを急ぐことなく選び、仕方なく店員が次の客の会計をするというようなことが何度もありました。

さらにそういうことが目につきはじめた矢先、留美が癇癪を起こして子供に手を上げるところを何度も目のあたりにするようになりました。張り手で子供がふっ飛ぶほどのものでした。虐待というほどではありませんが、目にあまるものがあり、それはほとんど長男に対するものでした。

留美が手を上げるたびに僕は、「子供に暴力をふるっても何も解決しないからやめろ」と話しましたが、それがまったくなくなることはありませんでした。もっとも、そんな暴力が日常的にあったわけでもありませんが。

そして、そんなことが目につきはじめたのとほぼ同じころに、留美が成人してからも薬物を使用していたことを知りました。彼女から直接そう打ち明けられたのです。中学のころは、よく一緒にシンナー遊びをしていたので、彼女のおかしな言動はある程度その影響によるものだろうと思っていましたが、どうやら成人してからの薬物依存によるものだとわかり、留美のほとんど剥きだしのような喜怒哀楽をすっかり納得し、嫌気がさしていきました。二度の離婚をしたのも無理はありません。それまでの生活が文字通り瓦解していくような感じでした。束縛や疑り深さが煩わしくなっていき、些細なことで口論をくり返すようになり、あまりの干渉に僕が留美の携帯電話を部屋の壁に投げつけたこともありました。

留美へのそういう不満が積み重なっていたことだけが理由だったとはいいませんが、二〇〇六（平成十八）年十月十一日に、魔がさしてしまって、とうとう彼女の預金に手をつけてしまいました。正確にいえば、留美が管理していた長男の預金です。

貴重品がしまってある場所には、ほかに長女の通帳や留美の通帳もあり、そこには僕の印鑑証明書などの貴重品もしまってありました。つまり、同棲をはじめたころから、僕は留美の家族の通帳やその印鑑の保管場所を知っていたことになります。それだけ留美も僕を信用してくれていたのかもしれません。しかも印鑑は認印一本しかなく、その一本に「銀行」という手書きの小さな紙片がセロハンテープでとめられていました。彼女らしいといえば彼女らしかったです。

長男の口座から引き出したのは、ほぼ全額の六十七万円でした。

留美の子供の預金に手をつけるまでは、確かにあった越えてはならない壁も、いったん越えてしまうとそんな壁は最初から存在しなかったかのように感じはじめ、長男の預金を引き出してしまったわずか六日後の十月十七日には、長女の銀行口座から三十九万円を引き出していました。

なぜ子供たちの預金だったのかというと、ほとんど記帳されていなかったので、すぐに露頭することはないだろうと思ったからでした。一方、留美の通帳はというと、残高は数百万円あったものの頻繁に記帳してありましたし、彼女は銀行をよく利用していたので、その口座の預金に手をつけるとすぐに発覚するおそれがありました。

当時は気がつきませんでしたが、子供たちの通帳には一万円、二万円という入金が多く、ときには五千円や千円という入金もあり、本当にこつこつ貯めたものだったことをずいぶんあとになってから知りました。

子供たちの口座から合計百万円を引き出した僕は、それを増やそうとしてギャンブルに使ったり、遊興費として使ったり、杏子の生活費としてもいくらか使ったりしました。もちろん、杏子には本当のことを話せないので、やはり父親のもとで働いてつくったものだと説明しました。

その百万円は約二ヶ月でなくなっています。
お気づきになった方もいるのではないでしょうか。
僕は留美の不正受給を知ってから、少なくとも二度は彼女に借金をしていると少し前に述べました。
二〇〇六（平成十八）年九月十三日に三十五万円
二〇〇六（平成十八）年十二月五日に二十六万円
つまり、そのふたつの借金のあいだに、子供らの預金を引き出していることになり、さらにいうなら、子供らの百万円を二ヶ月ほどで使いきり、図々しくも、さらに二十六万円の借金を留美に申し入れているのです。

しばらくのあいだ、子供らの預金を引き出したことを留美に知られることはありませんでした。いつ発覚してもおかしくない状況に、僕は薄氷の上に立っているような心地がしていて、留美が貴重品の保管場所をあけるたびに冷やりとしていました。

そして、僕の記憶では二〇〇七（平成十九）年の一月ごろ、とうとう留美に預金の使い込みを知られてしまったのです。

というのは、その日の昼間、子供の学校の教材や給食費の引き落しに使用している口座に入金しなければいけないと留美がいったので、僕はてっきりその口座が預金を引き出してしまった口座だと思い、ばれる前に話しておこうと決意して、「話しがある。じつは子供たちの口座から預金を引き出してしまった」と、留美に話したのです。実際には、僕が預金を引き出した口座と、留美がこの日に入金しようとしていた口座は別のものでした。

このとき留美は相当に驚いたようで、涙をぽろぽろと流しながら「ちゃんと返して、わたしがあげたお金はいいから、子供のものだけは返して」と、僕が自分から明かしたためか、それとも相当なショックを受けていたためか、彼女は怒ることなく静かにいいました。

留美の言葉を聞いて、さすがにやりすぎたと感じたので、苦しまぎれに少しずつでも返すと話し、さらに、これから働くところを見つけて仕事をすると僕は約束しました。そして実際に、ダーツの関係で知り合った友人に大工職人を紹介してもらい、大工見習いとしてその人のもとで働こうとしました。しかし、運転免許を持っていなかったことや、用意する道具類にけっこうな資金が必要になるというもんだいがあり、その上、それまで遊んで暮らしていたために、いざとなると億劫になってしまったことで、僕は適当な理由をつけて自分からこの話を断りました。働かせてほしいと話した僕からそれを断わったことは本当に申しわけないと思いますし、僕が働くということを見込んで仕事を準備してくれていた大工の方や、その大工の方を紹介してくれた友人の面目をつぶしてしまったことはいまでもずっと心に引っかかっています。

大工見習いの話は断ってしまいましたが、働くといったことによって留美が子供の預金のことをある程度許してくれたことを考えると、働くのをやめたと彼女に話すことはどうしてもできなかったので、僕は友人のところでアルバイトをはじめることにしたと適当なことを話し、昼間はほとんどパチンコ店で時間をつぶしました。

そんなことをしばらく続けていたある日の夜、留美の化粧品が散乱していたので、彼女が出勤しているあいだにそれをバニティーケースにしまおうとしたところ、ケースの底に紙片があることに気づきました。手にとってみると、そこには二人の子供の名前と留美の名前が書かれてあり、それぞれの名前のあとには四桁の番号がありました。それを目にした瞬間、僕はその番号がキャッシュカードの暗証番号であると思いました。そして僕はすぐに貴重品の保管場所をあけて、何冊かある留美の通帳をすべてとり出して見ていき、あまり記帳されていないものを見つけました。キャッシュカードも一緒にしまってありました。留美が頻繁に利用する銀行口座とは別のものです。残高は数百万円ありました。

通帳に電話照会センターの番号が記載されていたので、僕はすぐにその番号に電話をかけて暗証番号を確認しようとしましたが、夜も遅く時間外だったためその日はあきらめ、あらためて昼間に電話をかけ直しました。その結果、僕が知った四桁の番号は間違いなく暗証番号だとわかり、その上、残高も通帳のものと一円も違わないこともわかりました。その口座の最後の記帳は数ヶ月前でした。

僕はその日の夜、留美が出勤してからその口座のキャッシュカードを持って近所のATMへ行き、そして迷った末に、そのときは二十万円を引き出しました。二〇〇七（平成十九）年二月二十日のことでした。

さらに、二月二十三日、二月二十五日、二月二十七日と、たて続けにそれぞれ五十万円ずつ引き出していいます。五十万円がATMで引き出せる限度額だったからです。このときはもう破れかぶれのような気持ちで、全額を引き出して高飛びしようかとも考えたほどでした。僕が子供の預金に手をつけてから留美の情緒不安定がさらにひどくなっていましたし、彼女の束縛もさらに増していたため、そこから抜け出たいという気持ちもありました。

ところが、本気で全額を引き出そうかどうか逡巡しているうちに留美の勘が働いたらしく、二月二十七日に五十万円を引き出したあとまもなく、彼女に知られることとなってしまったのです。二〇〇七（平成十九）年三月二日のことでした。

このとき留美は当然に怒り狂いました。何に使ったんだと問い詰められ、どうやって弁解したのか覚えていませんが、留美の供述によると、働くのに必要な機械を買ったと僕がいったようです。友人に仕事の世話を頼んでいたことからすると、そのように話したのは間違いないと思います。

そして僕は留美に借用証を書かされ、毎月十万円ずつ返すと約束させられた上で、彼女に家を追い出されました。最初は毎月三万円くらいずつ返すと話して、留美もいったんは承諾してくれましたが、それではいつまで経っても完済しないといわれて口論になり、一刻でも早く留美の家から出たかった僕は無理なのを承知で毎月十万円ずつ返すという約束をしたのです。


留美の家を追い出された僕は、口座から勝手に引き出した現金の残り、約百万円を隠し持ったまま杏子のもとに戻りました。その現金のことを、杏子には父親のもとで働いて貯めたものだと説明しましたが、どうやら彼女はそんな嘘を見抜いていたようです。

「堀がマンションを出て行って一年弱くらいで堀は戻ってきました。

堀がマンションに戻ってきた時、堀は八十万円とか九十万円近くの金を持って帰ってきました。

堀はこのお金を働いて貯めた等と言っていましたが、どうせ堀のことだからまともに働いてお金を貯めたとも思えないし、付き合っていた女性から何だかんだと言って出させたんだろう等と僕は思っていました」

杏子はそんなふうに供述していたようです。


杏子のもとに戻ったのは留美への借用証を書いた日なので、二〇〇七（平成十九）年三月二日、千種事件のおよそ半年前です。

僕はある程度まとまった現金があったことから仕事をせず、パチンコ店に出入りしながら生活をしていました。そんな生活をしながら留美の口座から引き出した現金で十万円ずつ彼女に返していましたが、その金額はだんだんと少なくなっていき、やがて自分の生活費にすら困って留美に支払えないことになっていきました。

僕の銀行口座の記録を見ると、二〇〇七（平成十九）年五月七日に父親から二十万円の振込みがあります。つまり、留美の家を追い出されてから二ヶ月後にはもう百万円のほとんどがなくなっていたということです。父親から借金をすることなど初めてだったので、このときのことはよく覚えています。

借金を申し入れたとき、父は働いていないことを心配してくれて、知り合いの工場で働く気はないかといっていました。父も僕の腰痛のことは知っていたので、重いものを持てないことを気づかって工場勤めを勧めてくれたのです。しかし僕はその気になれず、考えておくとおざなりに返事をしただけでした。一年弱を留美とすごしてすっかり怠け癖がついてしまっていましたし、自分の生活費のなかから留美の金を返すとなると、工場で働いて得る程度の賃金ではどうにもならなかったのです。しかも留美からの借金のことは杏子に話せないので、たとえ工場で働いたとしてもそれを留美からの借金の返済には充てられません。

そういう事情から留美への返済を先延ばしにしていましたが、収入がほとんど杏子の給料しかなかったので、生活は苦しくなっていく一方でした。まったく働かないより、少しでも生活費が得られるのなら働くべきだとわかってはいても、それですべてが解決するわけではないと思うと働く気が湧きませんでした。それで生活費や借金の返済に充てる金を工面するために、僕は友人から借金をし、杏子は父親の内妻である七緒さんや、ほとんど顔を合わせない遠方の親戚にまで連絡をして、泣きながら借金を頼むはめになってしまいました。

そして二〇〇七（平成十九）年六月二十一日、僕はとうとう以前の同棲相手である芳江に連絡をとって、借金の申し入れをしました。

芳江と別れてから九年くらいが経っていたので、彼女は当時四十二か四十三歳でしたが、相変わらずスナック勤めをしていて、連絡がとれたときも接客中でした。ただ、そのころのスナック勤めは副業で、本業は製薬会社か何かの営業だったようです。

芳江は知らない番号から電話がかかってきたことで、最初は怪しんでいたみたいですが、話している相手が僕だと知るととても驚いていたようでした。そして僕が金を借してくれないかときりだすと、「どうしてわたしのところにかかってくる電話はお金のことばかりなの」と、彼女は僕にはわからないことを愚痴っぽくいっていましたが、けっきょく理由を訊かずに、翌日には十万円を僕の口座に振込んでくれました。

さらにその一ヶ月後の七月二十四日、千種事件の一ヶ月前に、こんどは二十万円を芳江に借りています。そのときは彼女と居酒屋で顔を合わせて現金を受けとり、日にちを決めてそれまでに返済するようにいわれました。これを境に芳江と頻繁に連絡をとるようになりましたが、もう杏子に隠れてこそこそするのは嫌でしたし、僕のせいで生活が苦しくなっていることが申しわけなかったので、なるべく芳江とは会わないようにしていました。

他方で、留美の督促が尋常でないほど激しくなっていました。一日に何度も電話が鳴り、それに出ないとメールが数分おきに送られてきました。それが留美だということを杏子に気づかれてはなりません。だから隠すことに必死で、携帯電話は必ずバイブなしのマナーモードに設定してありました。

なんとか杏子に知られずに留美へ返済しながら、自分たちの生活費も稼ぐことはできないだろうかと毎日のように考え、パソコンや携帯電話で仕事情報サイトをめぐるようになりました。そしてある日、ネットサーフィンをしていてたまたま見つけたのが「闇の職業安定所」という、いわゆる闇サイトでした。

サイトの掲示板にはパチンコ店の客になりすますサクラの募集や、ホストクラブの従業員の募集、とりあえず連絡をくださいといういかにも怪しげな書き込みなど、まっとうなものから胡散臭さに満ちたものまで様々でしたが、僕の目についたのは、もっぱら怪しげな書き込みでした。

そして僕は実際に『とりあえず連絡をください』という書き込みに記載されたメールアドレスに、サブアドレスを使用してメールを送信。何度かメールのやりとりをすると電話番号を教えられ、相手と直接話すことになりました。声の感じからすると、相手は若かったと思います。仕事の内容は「タタキ」。つまり強盗だというので、それを聞かされた僕は怖くなってそれ以上その相手とは連絡をとらないようにし、ほかの書き込みを見て連絡をすることにしました。

次に連絡をとった相手は、借金や未払い賃金の取立てだといったので、それくらいなら構わないと思い、その日のうちに近所のファミレスで会うことになったのです。

待ち合わせのファミレスに現われたのは、サラリーマンのような格好をした温厚な三十代くらいの男と、五十代くらいの男で、彼らは何枚かの委任状のコピーを渡してきました。仕事の内容は未払い賃金の回収です。回収先はスナックで、働いていたのは十六歳～十七歳の未成年三人。委任状のコピーはその少女たちのもので、未払いの給料に関するすべての権利を委任するというような内容でした。その委任状のコピーとともに、僕は男たちから少女三人の電話番号や店のママの連絡先などを教えてもらって帰宅。

帰宅した僕は、さっそく杏子に取立ての仕事のことを話し、決められた金額以上を回収することができたら、そのぶんが報酬になると説明しました。

ところが杏子の反応は意外なほど素っ気なく、じつにあたり前の内容だったのです。

「簡単に取立てられるなら他人に頼まないでしょう」

もっともです。

そして現実にそのとおりだったと思い知ることになりました。

回収先のママとなんとか連絡をとることに成功しましたが、そのママは破産手続き中で弁護士に連絡してくれといわれ、本当かどうか確かめようと思いその弁護士に連絡してみると、こんどはその弁護士から逆にいろいろと訊かれるはめになりました。いざとなったら未成年を雇っていたことを持ち出して脅せと男たちにいわれていたものの、もうそんなことはどうでもよくなり、けっきょく一円にもならなかったのです。

そこで僕は、闇サイトの掲示板に仕事募集の書き込みをすることにしました。サイト内の書き込みで仕事を探すより、条件などを書き込んで待っていたほうが余分な手間が省けていいと思えましたし、もしかするとサイト内の書き込みにはないような仕事にありつけるかもしれないと思ったからでした。もちろん、書き込みにないような仕事というのは犯罪の類しかないとわかっていましたが、わかってはいましたが、当時はそれほど深く考えていませんでした。

『何か仕事はありませんか』と、名古屋周辺という条件などをつけて書き込むと、すぐに僕のサブアドレス経由で何通ものメールが届きました。やはり『電話で話したいので連絡をください』という内容のものが多く、そのうちのいくつかに連絡すると、「携帯ショップへ盗みに入る仲間を募っている」、「大阪まできてくれればタタキの仕事がある」、「あるものを運んでほしい」など、おおむね犯罪にかかわることばかりで、携帯電話を盗んでもすぐに現金になるとは思えませんでしたし、大阪まで行って強盗というのも抵抗があり、その話が本当かどうかもわからないのに名古屋からそんなところまで行くわけにはいきません。運び屋は現実味に欠けていましたし、そもそも車がありませんでした。

そんなふうに、これといった仕事が見つからないまま時間だけがすぎ去っていくなか、『いい仕事はありましたか?』というメールが届きました。

メールを読んだときは何かいい仕事があるのかもしれないと思って返信しましたが、『山下と言います。偽名ですけど。ムショ出て、派遣で働いていますが、実にばかばかしい』というメールが送られてきて、相手も自分と同じように仕事を探している人間だと知りました。このメールの相手が、千種事件の共犯者の一人、川口です。

僕は川口が犯罪行為に長けているような印象を抱き、すぐに現金にありつけるような感じもしたので、一緒に組んで金儲けをすることで合意し、さらにメールのやりとりを続けて会う約束をしました。川口が山下という偽名を使っていたことから、僕も田中という偽名を使い、さらに『回収で無理して二ヶ月前に務所から出たばかりです』と、虚勢というよりは話を合わせておいたほうが楽という感じで虚実も加えました。

しかし、会う約束をした日にダーツのトーナメントが重なってしまい、川口に都合がわるくなったと伝えたところ、わかったというような簡素なメールが返ってきて、その返信を境に連絡をとり合わなくなりました。

そして、川口とのやりとりから何日か経った八月二十日の午前十一時三分に、留美からこんなメールが届きました。

『二十五日かならず五万入れてね！留美もお金が必要だから！今回入れてくれなかったら本当に考えがあるから』（原文まま）

留美からのメールを読んだ僕は、二十五日までになんとしても五万円を用意しなければならないと思いました。それも杏子に知られないようにしなければなりません。もし二十五日までに留美の口座に入金しなかった場合、彼女は僕が勝手に預金を引き出したことを警察に通報するに違いないと思いました。『本当に考えがある』とは、そういう意味だと僕は解釈しました。

ただ、僕にとって留美の預金を勝手に引き出したこと自体はそれほどもんだいではありません。警察に通報されて済むのならそれでも構わないとすら思えたほどでした。

もんだいは、僕が碧南事件と守山事件を起こしていたことです。もし警察に逮捕されるようなことがあれば、ふたつの事件に僕がかかわっていたことが発覚してしまうおそれがありました。たとえば、知らずに残してしまった指紋によって。千種事件の弁護人が、留美から逃げるとかいくらでも方法はあったのにといわれたこともありましたが、じつはいろいろと都合があったのです。

留美のメールを読んだあと、焦りを感じながら、どうすればよいのだろうかと文字どおり必死に考えました。誰かに借金をすることも考えましたが、そうやすやすと五万円もの金銭を貸してくれそうな人はいませんでした。いたとしても、すでに借金をさせてもらっている人たちばかりでした。その上、杏子に知られないように借りられる人となると、まったく思いあたりません。

そんなことを考えつつ、すっかり日課のようになってしまった闇サイトの閲覧をしたときでした。『ムショ出て、派遣社員で働いてますが、実にばかばかしい。愛知の人で何か組みませんか』という書き込みを見て、ふと既視感を覚えました。その書き込みのメールアドレスをクリックすると、何度かやりとりをした川口のメールアドレスが脳裏をよぎりました。携帯電話のアドレスを確認すると、やはり川口でした。

そこで僕は、『山下さんですか?田中です』とメールを送ったのです。

そのメールをきっかけに僕と川口はふたたび連絡をとるようになり、『どうですか一発何かやりますか』、『こづかい稼ぎですが、拉致して金を出させます（預金引き出し）』というメールを送ったところ、川口から『ほかに仲間がいて、その仲間と明日会うことになっているから一緒に行かないか』という返信があったため、僕と川口は翌日の平成十九年八月二十一日に近くのファミレスで待ち合わせることとなりました。以前、未払い賃金の回収の件で見知らぬ相手と会った経験もあったために、川口と会うことにほとんど抵抗はなく、また、この日は単なる顔合わせだとしか考えていなかったことも、安易に川口と会ったことに影響していました。

八月二十一日、僕は杏子に実家へ行ってくると出かけ、徒歩数分のファミレスに向かいました。川口のほうが先に着いていました。彼は当時四十歳。眼鏡をかけた小柄な男で、地味な柄シャツ、ジーンズ、健康サンダルという格好でした。なんとなくいかつい感じの男を想像していたので、これといった特徴のない顔の川口を目にしたときは意外な感じがしましたが、世のなかのすべてを否定しているような彼の目つきは印象的で、それはいまでも忘れられないくらいです。

注文したアイスコーヒーを飲み終えるまでのあいだに、川口から二人の仲間の話を聞かされました。一人は東堂という豊川に住む男で、この日会うことになっていた人間です。東堂は杉浦という偽名を使っていました。

もう一人は当時三十六歳の神田で、偽名を使っていなかったのは彼だけです。

東堂も神田も闇サイトで川口と知り合い、東堂は「薬物事犯で逮捕歴一度あります」と、神田は、「猶予中の三十六です」とそれぞれ川口に自己紹介していて、川口は川口で、「ムショ出てから派遣でセコく生活している」、「オレオレ詐欺系の偽造や口座の売人でした」と自己紹介していたようです。

この日に会うのは東堂だけで、神田とは話しだいで夜にでも会うということでした。

そして、僕と川口は東堂に会うべく、名古屋から高速道路で豊川へ向かいました。川口の車はシルバーのリバティー。後部座席のドアが両側ともスライドドアのミニバンで、その車は本来、盗まれているはずの車でした。つまり、知り合いが保険金目あてで盗まれたと偽った車で、ナンバーをつけ替えて川口が乗っていたのです。豊川に着くまで、もっぱらそのことを話していました。

豊川の待ち合わせ場所に着くと、川口が東堂に電話をかけ、少しすると車のスライドドアがひらいて東堂が乗り込んできました。彼は確か僕と同い歳だったので、このとき三十二歳くらいです。

東堂が合流したあと、近くのファミレスに移動し、そこで初めて東堂から、ウィークリーマンションか何かの家賃を支払わないと二日後に追い出されてしまうので、すぐにその金をつくる必要があると、切迫したことを知らされました。そのことがきっかけとなって、僕と川口と東堂は種々の犯罪計画について話し合い、東堂は強盗でも何でもして、とにかく家賃を確保したいといい、スーパーやドラッグストアやリサイクルショップの強盗、あるいは金庫破りなどなど、それまで考えていたことを口にしました。

しかし、どれもすぐに実行するのは無理でしたので、僕と川口が「簡単にできることじゃない」と話しました。それでも東堂が、「待てない。追い出される」といったので、僕は通りすがりの金を持っているような人を拉致して、その人のキャッシュカードやなんかで現金を引き出してはどうかと川口や東堂に提案しました。それまでに、交際相手の銀行口座から勝手に現金を引き出したことが何度もあったので、そこから発想を得たのです。

川口はこの話し合いの内容を神田にメールで伝えています。

『今三人で会議中なんですけど、金庫破りか金を持っている人を拉致って引き出す計画です。神田さんのご意見は?』、『リサイクルショップて意見もあるのですが?盗品はさばけます』

という内容でした（原文まま）。

これに対して神田から、

『拉致はターゲットを捜すのが大変ですから金庫ですかね』、『夜間金庫の入金を狙うとか、腹決めてパチンコ屋狙うとか、風俗店ですかね』、『リサイクルショップによりますが、18Kかプラチナのネックレスとかロレックスとかじゃないとカネにならないです』、『それなら夜間金庫かパチンコ屋狙う方がいいと思いますよ』、『確かに、早急にカネが欲しいのはわかりますが下調べは一日か二日しないと下手打ちますよ』、『やるならパクられない様になるべく、訴えれない様な所狙うべきです』

などと返信があり（原文まま）、そのつど僕たち二人はメールを回し読みしていました。

そして、なかなか話がまとまらなかったことから、僕がよく出入りしていたパチンコ店の常連客を襲ってはどうかと話しました。その客はいつも数十万円の現金を持ち歩いていて、車も高級車を乗っていました。僕はその客と隣同士になれば話するくらいの仲ではあったので、人柄などがわかっているぶんだけ、成功する可能性が高いと見込んでいました。

そして最終的にはその提案がいちばん手っとり早いということで話がまとまり、さっそくパチンコ店の下見をすることにしましたが、できるならその日のうちに実行したかった僕たちは、襲うための道具の準備をしておいたほうがいいと考えて、近くのホームセンターに寄りました。目立たないようにするため、道具の購入は僕一人でおこないました。

最初は野球のバットとか鉄パイプとか長いものを探しましたが、それでは目立つと思ってやめ、包丁も考えましたが、打撃を与えてその隙にバッグや財布などを奪おうと思っていたので見送り、店内をぐるぐる回っているうちにハンマーが目について、そのハンマーと軍手を購入して店を出ました。

ハンマーを選んだ時点で殴打する場所は頭部にかぎられてきますが、当時の僕は頭を殴っても気絶するくらいだろうとしか考えていませんでした。

豊川から名古屋に戻った僕たちは、午後三時ごろに僕の行きつけのパチンコ店の前に川口の車を停めました。パチンコ店の立体駐車場の出入り口がその道路に面していたからです。僕たちは豊川から名古屋に戻るまでの車内で計画を立て、まずは常連客を尾行し、自宅かどこかで車から降りたところを襲おうという話になっていました。知り合いの常連客はほぼ毎日、昼ごろから午後四時ごろまでパチンコ店にいるので、このときも店内にいるはずだと見当をつけていました。

車を停めた場所は駐車禁止になっていたので、川口が車に残り、僕と東堂で店内に入ることにしました。比較的広い店内でもその客はすぐに見つかったので、そこで僕と東堂はふた手にわかれ、携帯電話のメールでやりとりをしながら見張ることにしました。

目をつけていた常連客が動いたのは、それからまもなくのことでした。

僕と東堂は常連客がエレベーターに乗るのを確認してから川口の車に乗り込んで待ちましたが、立体駐車場から出てきた常連客が乗っていた車は、僕が知っていた車とは違う車種でした。ただ、運転手は間違いなく狙っていた常連客だったので、車を乗り換えたのだろうと思って尾行をはじめました。

ところが、十五分ほど走ってラーメン店か何かの駐車場に入ったところで見失ってしまい、この計画はとりあえず断念しなければならなくなったのです。とりあえず、というのは、後日あらためて尾行し、計画を実行しようということだったからです。

常連客の尾行に失敗した僕たちは車を名古屋の東部へ走らせ、ファミレスで食事をすることにしました。そこで今後のことを話し合い、パチンコ店の客はもう少し様子を見る必要があるという話をすると、どうしてもすぐに金がいると東堂が譲りませんでした。そして彼から空き巣をしようという提案があったので、僕が名古屋南部に金持ちの住宅があるという話をしました。その住宅は以前に増築の仕事で外壁工事をした家でした。

しかし、ファミレスをあとにしてその住宅まで行ってみると、侵入するところを通行人などに目撃されるおそれがあるとわかり、その住宅への侵入は断念せざるをえませんでした。そこから僕たちは名古屋市の西部方面へ車を走らせ、途中のホームセンターで東堂が空き巣に使用するマイナスドライバーを万引きし、盗みに入れそうな家を探しながら車を走らせました。しかし刻々と時間だけがすぎ去ってしまい、とうとう実行には至りませんでした。

今日はもうダメだと全員があきらめたあと、東堂が「部屋から荷物を出さなければならないから、いったん豊川に帰る」といったので、名古屋中心部に近いJR金山駅に東堂を送り届け、川口が電車賃を貸してやり、東堂とは別れました。

しかし、移動中に川口が神田とメールのやりとりをしていて、金山駅で待ち合わせることになっていたので、僕と川口はそのまま金山駅で神田がくるのを待つことにしたのです。時刻は午後八時をまわっていました。外はすっかり暗くなっていました。

神田との待ち合わせは午後九時ごろだったと記憶していますが、彼はその時刻よりかなり遅れて、午後十時ごろに現われました。その間、川口は神田について愚痴を呟き、もう少し遅れるというメールが神田から届くたびに舌打ちをしていたので、僕は川口のことを少し短気な性格なんだろうと感じていました。また、そんな川口を観察していて、手の爪が伸ばしっ放しであったことや、眼鏡のレンズがずいぶん汚れていたことなどから、身だしなみに頓着しない人だという印象を抱きました。

午後十時ごろ、黒のスクーターに乗って現われた神田は、コンビニの前の歩道にスクーターを停めて、川口の車の後部座席に乗り込んできました。川口が運転席、僕が助手席、神田が二列目シートの真んなかに座り、運転席と助手席のあいだから神田が顔を覗かせているような状態でした。神田はヤンキースの帽子をかぶり、Tシャツにだぼだぼのジーンズという、いわゆるヒップホップ系の格好をしていて、僕としては犯罪に長けているような印象を受けました。

神田は車に乗車してくると自己紹介をはじめて、暴力団とのつながりがあることや、かつてはオレオレ詐欺グループのトップであったこと、拳銃の入手ルートを知っていることなどを聞かされました。

その後、パチンコ店の常連客を尾行して失敗したことまでの経緯を僕と川口が話し、さらに襲うための道具として購入したハンマーと軍手を僕が見せました。神田はその道具を見たとき、ハンマーなんかで叩いたら下手をすると死んでしまうのではないかと思ったようです。

「そんなので叩いたら、死んじゃうんじゃないですか」、「最後までやっちゃうつもりなんですか」、「顔を見られたら殺すのか」

そんなことを神田はいいました。

それに対して僕と川口は、「仕方ない」、「いいですよ」などと肯定する返事をしたようですが、殺すつもりでハンマーを購入したわけではないので、少なくとも僕の返事は迎合ぎみの発言であって、殺害してもいいと本気で考えていたわけではありません。もし殺害しても構わないと本気で考えていたら、道具を購入する時点で包丁を選んでいたでしょう。どう考えてもハンマーより包丁のほうが殺傷力があって手っとり早いです。

パチンコ店の客の話は、翌日も尾行をおこなうということで終わり、続いて神田から、偽装養子縁組の子役である増渡《ますど》という二十代の人間が逃げていて、偽装養子縁組の計画を台無しにした代償を支払わせるので金になるといわれ、僕たちはパチンコ店の客から現金を奪うことと、増渡に金を払わせる計画を同時に進めることにし、神田は増渡の運転免許証の画像と携帯電話の番号をその場で川口に送りました。翌日、増渡の自宅を訪ねるためです。神田は新聞の勧誘を仕事にしていて、どうしてもその仕事を休むことができないといってました。

こういう話し合いが一時間ほど続いて帰宅することとなり、僕は川口に自宅まで送り届けてもらいました。川口は路上駐車した車内で寝泊りする生活を送っていたらしく、この日は僕と杏子の住居から車で十五分くらいの裁判所近くに車を停めるといっていた記憶があります。

翌日、八月二十二日の午前六時ごろ、川口が僕を迎えにきて、名古屋市内にある増渡の自宅まで行きました。そして三階建てくらいのアパートの前で、僕と川口は待ち伏せることにしました。免許証で顔はわかっていたので、仕事などに出かけることがあれば捕まえられるはずだと考えていたのです。直接増渡の自宅に行かなかったのは、居留守を使われるおそれがあったからでした。ところが二時間以上待っても増渡は現われず、僕と川口はとうとうしびれが切れて、けっきょく自宅を訪ねることになってしまいました。

在宅していたとしても、おそらく顔を出すことはないだろうと思いながら鉄製のドアをノックすると、予想どおり反応はありません。

しかし、テレビの音か何かが部屋のなかから聞こえていたので、さらに何度も何度もノックをしました。が、それでも反応はなく、寝ているのだろうか?と、思った次の瞬間でした。

川口がとつぜんドアを蹴り飛ばしたのです。

外廊下にその音が響き渡り、少しするとドアがそろそろとひらき、六十歳前後の女性が顔を覗かせました。

「どちら様ですか?」

女性が怯えたような声でそういったので、僕が増渡のことを話すと、息子はここに住んでいないといわれました。つまり女性は増渡の母親だったのです。

母親は息子の住居も勤め先もわからないといったので、これはどうしようもないと僕はあきらめようとしましたが、そこでまた川口が怒りをあらわにし、母親につかみかかりました。

「どこに隠しとんのじゃ!」

川口の怒鳴り声が響いたので僕は焦り、彼を慌てて母親から引きはがしました。そんなことで通報されたら、碧南事件と守山事件のことがある僕はたまったものではありません。

僕たちはすぐに増渡の実家をあとにし、僕が増渡の携帯電話を鳴らしました。川口では話にならないだろうと思ったからです。

するとと、何度かかけ直しているうちに増渡が電話に出ました。どうやら母親から連絡があって、僕たちが実家に現われたことを聞いたようでした。

僕たちが実家に現われたことや、川口が母親につかみかかったことが相当にこたえたようで、まだ二十歳そこそこの若い増渡が、たちどころに怖れたことが声の調子だけでわかりました。

増渡はどうすればいいですかと訊いてきましたが、僕も事情をよく理解していなかったので答えようがありません。そこで、とりあえず神田に連絡したほうがいいだろうと話し、さらに増渡が話しやすいように、神田にはわるいようにしないでくれと伝えておくといって通話を切りました。

その後しばらくすると神田から川口に連絡があり、増渡が月末までに十五万円を支払うということで話がついたといわれたので、パチンコ店の客を見張るにしても時間が早かったことから、午後三時にパチンコ店の前で待ち合わせることにして、いったん帰宅することにしました。つぎに合流するとき——つまりパチンコ店の前で午後三時に合流するときまでに、川口が神田と東堂を迎えに行くという話になっていました。僕が帰宅したのは午前十一時ごろでした。

僕の住居からパチンコ店までは、タクシーで五分くらいの距離だったので、僕は待ち合わせの時刻ぎりぎりまで家で時間をつぶしました。その間、神田と川口は出会い系サイトで女性を呼び出していたようです。僕は一緒にいなかったので、当然にその顚末を知りません。そこでその部分については千種事件の判決書きから引用します。

川口は午後零時ごろ、神田と東堂に会うため、名古屋の南部にあるビデオレンタル店に行き、神田と合流後、二人で東堂を待ちました。待ち合わせ場所をそこにしたのは、神田の自宅が近くだったからです。

東堂を待つあいだ、神田と川口は互いに悪さ自慢のようなことをし、神田は、「過去に二人ほど人を殺したことがある、群馬県内に埋まっている」などと話し、川口は、「出会い系サイトを使って呼び出した女性を山へ連れて行って強姦をし、それを理由に恐喝をしたことがある」などと話していました。

川口はこのとき、たまたま綿ロープと手錠を入手して持っていたので、それを神田に見せたところ、彼から「手錠の爪の部分を折らないと簡単に外れてしまう」などといわれたことから、川口はその場で手錠の爪の部分をペンチで折りました。

この綿ロープと手錠の入手経路ですが、これは平成十九年の三月末ごろ、つまり五ヶ月ほど前に、川口が闇サイトで知り合った二人と自殺しようと考えて用意したものだったようです。

手錠の爪を折った川口と神田は、東堂を待つ間、いわゆる出会い系サイトに携帯電話でアクセスし、援助交際している人妻を呼び出して性的関係を持った上で、援助交際していることを夫にばらすなどといって金をとろうという話をしていました。そして実際に午後一時ごろに、出会い系サイトを通じて女性と連絡をとり、神田が待ち合わせ場所でその女性と会いましたが、女性の容ぼうなどが気に入らず、けっきょくその女性にはその場で帰ってもらうことになりました。そして、東堂がなかなか待ち合わせ場所に現われず、僕との待ち合わせ時刻も迫っていたため、神田と川口はパチンコ店の客のことを優先して、僕との待ち合わせ場所であるパチンコ店に急いだということだったようです。

神田と川口がそんなことをしている間、僕はパチンコ店の常連客がいつものように来店しているかどうかを確認していました。そのことを携帯電話で神田たちに伝えたとき、確かに彼らは女性を呼び出そうとしていて、金銭を脅しとるようなことも口にしていました。しかし、僕は女性のことなどどうでもよかったですし、目の前の常連客のことのほうが現実的に思えました。なにせ数十万円の現金を間違いなく持っているのです。

神田と川口は待ち合わせの時刻よりだいぶ遅れてきて、午後四時ごろにやっと合流できました。目をつけていた常連客が店を出る数分前のことでした。

僕は神田たちが到着すると、すぐに川口のミニバンに乗車しました。川口が運転席、神田が助手席、僕が二列目シートで、この日の座席位置はずっとこのままです。

常連客の車が立体駐車場から出てきて僕たちは尾行をはじめ、パチンコ店から二十分ほど走った場所の自宅と思われるマンションまであとをつけることに成功しました。じつはこのマンションは、会社の事務所として使われていたと逮捕後に知りましたが、当時の僕たちはそんなことを知る由もありません。

常連客の車は地下駐車場に入って行ったので、僕たちは防犯カメラを警戒して地下には入らず、マンションの裏手にある駐車場の出口へ回って神田が一人で地下駐車場の様子を見に行きました。そして、様子を見に行った神田の話から、防犯カメラが多いので駐車場で襲うのは無理だということになり、けっきょくもう少し様子を見てからにしようということで、とりあえず東堂と合流するために名古屋南部のビデオレンタル店へ向かうことになったのです。

この移動中に、「いつも大金を持ち歩いているなら、自宅にはもっと現金があるかもしれない」と神田がいい出したことで、もう少し下見をして自宅に押し入ろうという話が神田と川口とのあいだでありました。そのとき僕が、「自分は顔見知りなので、実行には加われない」というと、神田が、「最後はノッ込んで殺してしまえばいい」といいました。それは、部屋に乗り込んで行って、最後は殺してしまえば顔見知りだろうが何だろうが関係ないという意味でした。

さらに神田は、ビニール袋を頭からかぶせてライターのガスを吸わせれば、人はすぐに死んでしまうなどといった話もしていました。

このような神田の言葉に川口は「いいですよ」と答え、僕はとくに反対もせず曖昧に頷いて聞き流すような感じで街並を眺めていました。


僕たちが名古屋南部のビデオレンタル店に到着したのは午後五時すぎでしたが、東堂はまだ到着していなかったので、僕たちは車内でどうでもいい話をして待っていました。

そのとき、僕は座席の下にあった手錠に気づき、それを手にとってカチャカチャといじくっていると、神田から「爪を折ってあるので手にかけないほうがいいですよ」といわれました。鍵はないのかと訊くと、川口が、トランクルームのどこかに入っているはずだが、荷物が多すぎてどこにしまったかすぐにはわからないというようなことをいったので、僕はそれ以上その手錠に触れないようにしました。

その直後、川口が思い出したように、「そういえばクレジットカードがある」といって車を降り、ハッチバックをあけました。三列目シートの後ろにあるトランクルームは、川口の荷物がぎゅう詰めになっていて、何かをとり出そうとすると、何かがこぼれ落ちてきそうでした。川口はそんな荷物のなかからセカンドバッグをとり出し、不正に入手したクレジットカードをバッグから抜き出しました。それを持ってふたたび車に乗り、彼は入手した経緯などを説明しはじめました。

川口によると、そのクレジットカードは以前に勤めていた会社の社長の息子名義のものでした。川口が住んでいた寮の住所で社長の息子がカードを申し込み、そのカードが届いたのを黙っておいて手に入れたものだったようです。カードは一度も使っていないと川口はいっていました。

その話を終えたころ、ようやく東堂が現われて合流しました。座席は僕の隣で、助手席に座る神田の後ろです。時刻は僕たちがビデオレンタル店に到着して一時間後の午後六時ごろでした。

このとき神田と東堂は初対面だったので、お互い自己紹介をしていましたが、本来の待ち合わせ時刻より六時間以上も東堂が遅れたことや、昼も夜も待たされたことに神田が腹を立て、「どれだけ人を待たせるんですか。指詰めものですよ」と、なじり、そのことに対して東堂は素直に謝罪しました。しかし、昼間にパチンコ店の客を尾行して家をつきとめることができたので、そこへ乗り込んで行って強盗をし、顔を見られたら殺すことに決まったと神田が話すと、この話に東堂は、「強殺は死刑か無期懲役だからやりたくない」と渋る態度をとりました。

そこに、神田と同じく腹を立てていた川口が加わり、「嫌なら下りてもいい」といったところ、東堂は、「そんなこといってないじゃないか」と答えて、車内は一気に険悪なムードとなってしまったのです。

さらにそこで、川口が不正に入手したクレジットカードを神田が東堂に示し、「これで買いものをして使えるかどうかためしてくれ」と、待ち合わせに遅れた罰だというように話し、東堂は渋々ながらもそれを引き受けました。東堂も遅刻した罰だとわかっていて引き受けたようでした。

そして、すぐ目の前にあるコンビニへさっそく走って行き、東堂はカードでタバコと缶コーヒーを購入して戻ってきました。

クレジットカードが使用可能だとわかった僕たちは、名古屋市内のディスカウントストアに行って貴金属を購入し、それを質入れして現金を手に入れようと考えました。

ところがディスカウントストアで神田と東堂が店に入って行き、貴金属を購入するためにカードのサインをしたところ、それが処理されませんでした。どうやら川口が伝えた名前を神田が書き間違えたみたいでした。実際には紛失届が出されていて、それに引っかかっていただけです。もちろんそれは逮捕後に知ったことでした。東堂がタバコと缶コーヒーを買ったことでカード会社に連絡が行ったのでしょう。

そんなことを知らない当時の僕たちは、クレジットカードの正当な持ち主の名前を確認した上で、べつの店舗へ行って貴金属を購入することにしました。が、その前にもう一度コンビニで買いものをし、名前を書き間違えたことでカードが使用できなくなっていないかどうかを確かめたところ、カードが使えなくなっていることがわかったのです。

金銭を得る方策が尽きた僕たちは、そのとき北名古屋から中心部へ戻ろうとしましたが、そこでとつぜん神田が、増渡の住所がわかったといいました。偽装養子縁組で子役にするはずだった男性です。神田はこの日ずっと増渡とメールのやりとりをしていて、ようやく午後十時半ごろに増渡が住所を知らせてきたということでした。

神田は増渡の住所がわかったので、これからそこに行ってこらしめた上で、金銭を巻きあげようといい、僕たちは増渡の住居を目指して移動をはじめました。

しかし、増渡が知らせてきた住所のアパートは空室で誰も住んでいなかったため、これも断念することになって、けっきょくここでも金銭を得ることはできませんでした。神田は増渡とふたたび連絡をとりましたが、相手は弁解するばかりで話が進まなかったので、月末までに十五万円は払うという確認だけとって、この件は終わりました。

ちなみに増渡は後日、口座の売買で逮捕されています。

ここまでのところ僕たち四人はまったく金銭を手にしておらず、留美への借金返済期日もあと三日と迫っていたので、僕は名古屋西部にある行きつけのダーツカフェを襲おうと提案しました。ただ、この日は定休日だったため、あくまで下見が目的だと話し、そのダーツカフェへ向かったのです。

その移動中の車内で、僕は顔見知りだから見張り役くらいしかできないと話すと、神田から「それなら見張り役と運転手役をやってくれ」といわれ、僕は承諾していました。

ダーツカフェに到着すると、すぐに神田が車を降りて建物の周りを探りはじめ、エアコンの室外機が動いていたので、店内に人がいることがわかりました。窓はすべてシャッターが閉まっていたのでなかは見えませんでしたが、店主はバックヤードで寝泊まりすることが多かったので、その店主がなかにいたのだろうと思います。

そこで東堂が、「それなら都合がいい。田中さんが声をかければドアをあけてくれるだろう」

といいました。つまり僕が店主に声をかけて押し入るということです。店主を最後には殺すつもりで東堂はそういったのでしょう。

しかし、もちろんそんな危険を犯すわけにはいきません。それにもし襲撃するにしても、このときは夏休みで店主の子供も店で寝泊りしている可能性があったので、何もわからないこの日は避けなければなりませんでした。そんなことを思っていると神田が、「隣のアパートの部屋に電気が点いているから、襲うのは危険だ」と反対したので、この件もしばらく様子を見るということになったのです。そして、このときはもう深夜で、二十二日から二十三日になっていたため、僕たちは帰宅することにしました。


その帰りの車内で、大の大人が四人もそろっているのに、金銭がまったく得られていないことについて、東堂が強い不満を示しました。アパートを追い出され、さらに所持金もなかったことが、彼を精神的に追い込んだのかもしれません。

その東堂の態度に神田が噛みつきました。

「じゃあ、誰でもいいから襲っちゃう?」、「手あたりしだいいっちゃう?」、「タタキでも引ったくりでもいいから、構わずやっちゃう?」

その神田の言葉が発端となって、神田と東堂とのあいだで風俗嬢を襲って拉致しようという案が出され、それに対して川口が、風俗嬢を狙うなら名古屋の中心部だが、逃走が難しいかもしれないと口にし、話が具体化していきました。

僕はそのやりとりに耳を傾けていましたが、ダーツバーに出入りしていた風俗嬢から聞いていた話や、留美との同棲生活で経験していたことなどから、風俗嬢の給料はほとんどが日払いか週払いで、それをホストクラブやショッピングで散財する女性が多く（これは職業上どうしてもストレスが溜まりやすいので仕方ないらしい）、あるいは借金を払うのに精一杯で貯金をしている人間は意外と少ないことを知っていたので、神田たちに「風俗嬢は金を持ってないからやめたほうがいい」と話したのです。

そして、その話が立ち消えになったところでマンションに着き、僕は降車しました。その際「明日はやりましょう。連絡ください」と、僕は三人に話していました。

僕は神田たちが風俗嬢のことをあきらめたと思っていましたが、彼ら三人は僕が降車したあと、風俗嬢を襲う話をさらに具体化させていたようです。この部分についても、判決書きを引用することにします。

僕を降ろしたあと、神田たち三人は待ち合わせ場所になっていたビデオレンタル店へ向かいました。神田の帰宅のためと、東堂が借りたレンタカーがそこに置いたままになっていたからでした。その移動中の車内で主に神田と東堂が、「どうせなら若い女がいい。若いほうが気合いが入るんじゃない。最後はどうなってもいいんだから、好きにしちゃえばいいじゃん」、「シャブづけにしよう。シャブなら自分が手に入れる」と話していたようです。シャブ云々は東堂の話です。

そんなことを話しながらビデオレンタル店に到着した三人は、さっそく店内に入って風俗情報誌を立ち読みし、人気のある風俗嬢の情報を得ようとしましたが、けっきょくこの日は時刻が遅かったことなどからうやむやになり、神田は川口たちと別れて一人帰宅することになりました。

そして神田が帰宅したあと、東堂が川口に、「神田とは意見が合わない。すぐに金がほしいから手伝ってくれないか」と話したようです。

東堂はそもそも神田の態度が気に入らず、なおかつ、詐欺などで長期的に稼ごうとしていたことも、すぐに金銭を必要としている東堂としては承服できなかったようでした。そのため、神田とは離れたいという気持ちになっていたのです。

川口は東堂からその話を聞いて賛同し、僕にメールを送ってきました。神田を外して三人で単発的なことをしてすぐに金にしようというような内容で、僕としては神田との関係を続けていたいという思いがありましたが、とりあえず金銭を手に入れる必要があったので、川口と東堂に協力すると伝えました。


八月二十三日の昼ごろ、川口が僕を迎えにきて、東堂がすぐにでも強盗をして金銭を手に入れようとしていることを知りました。パチンコ店の客を襲うには下見などの時間が必要でしたので、知り合いのダーツバーの店長が売上げを持ち歩いているから、帰宅したところを襲えばいいと提案して、僕と川口は下見をするためにその店長の自宅マンションへ向かいました。

そして店長の車が停まっている場所を確認したあと、僕は川口に「自分は知り合いだから実行には加われない」と話し、川口が承諾したので逃走ルートなどを確かめてから僕は帰宅しました。

僕の考えでは、二十三日～二十四日にかけての深夜、遅くても二十四日の早朝に川口と東堂がダーツバーの店長を襲い、売上げ金を手に入れる予定でした。実行に加わらないとはいえ、知り合いを襲うのですから、僕も川口たちと同様に危ない橋を渡ることに変わりはありません。むしろ僕のほうがリスクは高いくらいです。事件のあと、捜査の手が及びやすいのは三人のなかで僕

138

なのですから。ただ、せいぜいアリバイなどを訊かれるだけで、碧南事件や守山事件のことがばれることはないだろうと思っていました。

ところが、予想もしていないことが起こってしまいました。

店長の自宅を下見して僕が帰宅したあと、川口は僕の逃げ腰のような発言（実行には加われないという話のこと）が気に入らなかったらしく、彼は東堂と二人でほかの犯罪計画を進めることにしてしまったのです。そして川口が僕の電話やメールの着信を拒否設定したことで、僕は彼とまったく連絡がとれなくなってしまいました。僕は、二十四日の午前一時ごろまで神田とメールのやりとりをして、それまでの経緯や今後のことについて話し合っていましたが、何かが具体化することはありませんでした。

一方、連絡がとれなくなった川口と東堂はというと、着々と犯罪計画を進めていたようです。まず、僕を送り届けた川口は、午後六時ごろに東堂と打ち合わせて強盗を計画したあと、犯行に使用する粘着テープをコンビニで購入し、スーパーで包丁を万引きしました。そしてドラッグストアやガソリンスタンドで強盗をおこなおうとしましたが、ドラッグストアについては、客が大勢いたことや現金を持った店員がどこから出てくるかわからなかったことで断念し、ガソリンスタンドについては、二十四時間営業であると思っていた店舗が午後十一時ごろには閉店してしまっていたためにあきらめ、さらには、レンタルビデオ店でＤＶＤを万引きしましたが、すべて空き箱で失敗に終わったようでした。

その後、八月二十四日の午前零時すぎに、川口は以前の勤務先だった会社事務所から手提げ金庫を盗もうと企て、東堂と二人で犯行に及びました。このとき東堂がマイナスドライバーを窓ガラスの角にあてがって三角割りをおこない侵入。次に川口も侵入して、二人で物色したようですが、けっきょく金品の発見には至りませんでした。

このときまでに、川口と東堂とのあいだでどういうやりとりがあったのかはわかりませんが、川口は東堂の口のきき方や態度に不満を抱いていたようで、彼は東堂を侵入した事務所に置き去りにしてしまいました。おそらく金銭が手に入らなかったことも不満のひとつだったのでしょう。

置き去りにされた東堂は川口が車に乗っていなくなったことに気づきましたが、人の気配がして離れただけですぐに戻ってくるだろうと思っていたようです。しかし、しばらく経っても川口が戻ってこなかったことで、東堂は置き去りにされたと知ることになりました。そして携帯電話を川口の車に乗せたままで誰かに連絡をすることもできず、さらに自分のレンタカーをとりに行くにも、歩いて行けるような場所に停めていたわけではないので、所持金がなかった東堂はめんどうになって近くの警察署で「会社事務所に侵入した」といって自首をしたのです。

川口はというと、東堂を置き去りにしたあと、犯罪経験が豊富そうな神田と僕を利用したい気持ちがあったようで、東堂を置き去りにした直後の八月二十四日午前一時ころに、『迷惑かけて申し訳ありません。杉浦氏とは別れました。杉浦氏わメンバーから外れました。僕も手配掛かるかもです。行動するもいずれも失敗……収穫ゼロ。余りに焦る杉浦氏の思いどうりに一度やらせてみようかとの思いの行動です』（原文まま）、というメールを神田に送信しました。

このことで神田から僕のところに連絡があり、川口を使えるうちは使いますかといわれたので、すぐに川口と連絡をとって別行動した事情を訊いてから、僕は神田にメールを送りました。

『これで山下さんも下見や情報がどれだけ大事かわかったと思うので、今回は見逃してやらないですか？　本人も反省しているようなので……使うとかじゃなく仲間としていいのではと思いますが……甘いですかね？　とりあえず明日一緒に行きます』（原文まま）。

という内容でした。

川口には車があったので、彼をふたたび仲間にすることに神田も反対はしませんでした。

そして、僕は川口と翌日の昼に近所のファミレスで待ち合わせることにしたのです。

三．犯行状況

二〇〇七（平成十九）年八月二十四日の昼ごろ、杏子に「実家へ行ってくるけど、もしかすると泊まってくることになるかもしれない」と話し、僕は川口との待ち合わせ場所となっていた近所のファミレスに向かいました。

昼どきとあって店内は混雑していて、川口は出入り口付近の椅子に座って案内の順番を待っていました。彼はドアをあけた僕に気づいて立ち上がりましたが、僕には何もいわず、案内しようと駆け寄ってきた年輩の女性店員の腕をとつぜんつかみ、「カタギばかり相手にしてんじゃねえぞ！」と怒鳴ったのです。

一瞬で店内の喧噪が消え去り、とつぜんのことに僕は驚きましたが、川口が店員に暴力でもふるったらマズイと思ったので、すぐに店員に謝って川口を店の外に連れ出しました。そして彼の車に乗り込んで逃げるように神田との待ち合わせ場所へ向かいました。川口が店内でどれだけ待たされたのかわかりませんでしたが、犯罪行為を控えた僕たちが目立ってしまってはよくないと川口に話すと、彼は素直に謝ってきました。

そして、神田との待ち合わせ場所へ向かっている途中の信号待ちのとき、川口が運転席側のドアポケットからおもむろに包丁をとり出して、それを僕につきつけてきました。東堂とスーパーで万引きした包丁だったようです。

「これなら人を刺せるでしょ」

川口はそういいました。

人を襲うと決まっていたわけではありませんし、たとえ人を襲うにしてもそんなものを使うつもりなどありませんでした。それに何よりも、まだ昼間で外は明るいです。

「いいから早くしまってください」

僕は通行人などから見られることをおそれてそう話しました。

このときになって、それまでの川口の奇行などから、彼はまともではないのかもしれないと、いよいよ心配になりました。もちろん口にはしませんでしたし、すでに重大事件を起こしていた僕のほうがまともではなかったわけですが、神田との待ち合わせ場所に到着してから、僕は二列目シートに移動して、川口との距離をとることにしました。

神田との待ち合わせ場所は、やはり名古屋南部のビデオレンタル店でした。予定より早く到着したので、僕は携帯電話で闇サイトにアクセスして閲覧したり、東堂の携帯電話が置きっぱなしだと川口から聞かされて、その電話をいじくったりし、やがて携帯電話の電池の残量が少なくなっていったので、川口に充電器はないかといったところ、彼はグローブボックスをあけました。そこには綿ロープが入っていて、川口はそれを無造作に助手席の背後にあるポケットに入れて充電器を探していましたが、けっきょく目あてのものは見つからず、僕は充電をあきらめなければいけませんでした。この出来事によって、のちの殺害場面で綿ロープを使うことになってしまったのです。

その後、神田が合流するまでのあいだに、僕はあることを考えていました。これはひた隠しにしてきたうちのひとつで、明かそうかどうかほんとうに迷いましたが、自分の行為をすべて打ち明けなければいけないと思い、記述することにしました。

僕は闇サイトを見ながら、預金を引き出す役の『出し子』を探していました。つまり、このときにはすでに他人の預金口座から現金を引き出そうと考えていたのです。ただ、それはこの日に実行することとしてではありませんでした。翌日か、翌々日かわかりませんが、とにかく予定として考えていたにすぎません。

そして、高校に通う十七歳の少年と連絡がとれました。しかし彼が自由に行動できる時間はかぎられていて、出し子には向いていないと僕は思ったので、その少年に、「クラスメイトの家族構成を調べて、住所と一緒に教えてくれ」と話しました。一件につきいくらと具体的な金額も伝えましたが、いくらだったのかいまとなってはもうはっきりとは覚えていません。

少年はそんなことで金がもらえるのかと驚きながら承諾して、後日、僕に連絡してくれるといいました。もちろん少年は、その情報が犯罪に利用されることを承知していたと思います。僕はその少年に、僕のメールの履歴をすべて消去し、次回からの電話は公衆電話からにしてくれと伝えておきました。僕はその情報をもとに空き巣や押し入り強盗をしようと考えていたのです。

神田が合流すると、川口は東堂と別行動したことを詫びて、この日のことについての話し合いがはじまりました。そのなかで川口はふたたび包丁をとり出し、「これあったら人やれますね」と、人が殺せるという趣旨の発言をしていましたが、僕も神田もそのときはどうでもいいというような態度をとっていた気がします。

そのあと、僕は今週中にどうしても三十万円ほどほしいと話しました。留美への返済と生活費です。神田には、川口と連絡がとれなくなった日にそのことを話してあったので、今日中になんとかしなければいけないと、神田は即断しました。そして、人を拉致して監禁した上で、現金やキャッシュカードを奪って暗証番号を訊きだすという犯罪計画が立ったのです。

僕たち三人は、ビデオレンタル店の駐車場を出て、名古屋中心部にあるファミレスに入ることになりました。暗くなるまで時間があり、具体的な犯行計画を立てる必要があったからでした。そこで神田が拉致する対象について、風俗嬢などのほうが摘発されにくいなどといってどうしても譲ろうとしなかったので、堅実そうな人間のほうが金を持っていると考えていた僕は、「風俗嬢を狙うならOLのほうがいい」といったり、「自分の親父と兄貴が○○会の関係者だからやめてほしい」と、暴力団のことを持ち出したりしました。

そうしたところ、ようやく神田が折れて、さらに翌日が二十五日で土曜日であったことに気づき、今日が給料日の会社は多いはずだなどといって、会社勤めの人間を狙うことに賛同してくれたのです。

さらに何かの話の流れで、女性なら派手ではなくて、地味な女性のほうがたくさん貯金をしているだろうから、黒髪の女性がいい、独り暮らしで年齢は二十代後半から三十代前半くらいがいいと三人で話し合いました。

そして、ATM機の引き出し限度額が一日に五十万円となっていたので、この日のうちに暗証番号を訊きだして五十万円を引き出し、翌日の土曜日にも五十万円、日曜日と月曜日にも五十万円ずつ引き出せば二百万円にはなるという話もしていました。月曜日以降も引き出すことは可能でしたが、監禁する以上、たとえば会社の人間が出勤してこない被害者のことを気にかけて警察に連絡することが考えられたので、預金の引き出しは月曜日までとしたのです。

だいたいの計画が決まったところで、監禁場所をどうするかという話になりましたが、それは難しいもんだいではなく、僕がその場で、ある人物に連絡をするだけで済みました。

碧南事件や守山事件の共犯者である阿藤です。

彼は仕事中でしたが電話に出てくれたので、二日くらい部屋を使わせてくれないかと話すと、電気が止められていて友人の家で寝泊りしているから自由に使ってもいいと返事をしてくれました。ただ、電気料金は支払っておいてくれといわれたので、家の鍵と一緒に電気料金の納付書も集合ポストに入れておいてもらうことにしたのです。

監禁場所が確保できたあと、つぎはATMから現金を引き出す『出し子』の確保をしなければなりませんでしたが、けっきょく名古屋で見つけることはできず、川口が自らその役を引き受けるといったので、このもんだいもすぐに片づきました。

あとは出発するだけでしたが、まだまだ外は明るく、会社勤めの人間が帰宅するような時間帯ではなかったので、店内で暗くなるまで時間をつぶすことにしました。そしてこのときに、女性を殺害した場合、その遺体をばらばらにするだとか、セメントで固めるのはどうだと川口がいって、それに対して神田が漫画や映画じゃないのにとたしなめたことなどがあり、さらに、「監禁したあとは一緒に寝泊りしてくださって結構ですから、車の中でレイプはしないでください」と神田は川口に話し、川口はそれを了承していました。

そして午後七時ごろにファミレスを出る直前、比較的に高級住宅地が多い名古屋市東部で実行しようと決まったのです。

午後七時ごろにファミレスを出た僕たち三人は、車を東に走らせました。運転は川口で、神田は二列目シートの助手席側に座り、僕はその神田の隣に座っていました。車の左側にいる人を拉致する場合は神田が、車の右側にいる人を拉致する場合は僕が実行し、拉致した人は僕と神田の足もと、つまり二列目シートの床上で横向きに座らせればいいと打ち合わせ済みでした。用意した道具は粘着テープ、手錠、軍手です。すべて車内にあったものでした。車内にあると認識していたものとして庖丁とハンマーがありますが、この時点で使う気などなく、庖丁は運転席のドアポケットに、ハンマーはホームセンターの袋に入ったまま座席の下に入り込んでいました。

しかし、そこまで準備して十五、六人の人に目をつけ、実際に五、六人の男女のあとをつけるなどしましたが、対向車があったり、通行人がいたりしてタイミングが合わず、なかなか拉致には至らないまま時間だけが無意味にすぎていってしまいました。

とはいえ、積極的に拉致をしようと意気込んでいたわけでもありません。拉致そのものがとんでもない行為だと感じていたのでためらいはありましたし、もうこんなことやめて帰りたいと思ったこともありました。しかし神田と川口にやりたくないとはいえなかったので、通行人がいるわけでもないのに、「ヤバイ」といって拉致を実行しなかったことも何度かありました。それがずるずると五、六人を狙うことになった理由でもあります。

そのような拉致失敗の際に、神田と川口の表情から、「何やってんの、お前」と咎められているような気がして、さらには川口のことさらな舌打ちが聞こえていたことから、二人が苛立っていることがわかって焦り、次は必ず実行しなければならないと僕は思ってしまいました。

そんなことを思っていた矢先に、僕の携帯電話がたて続けに二度着信しました。一度目は杏子からのメールで、内容は仕事のあと客と飲みに行ってくるというものでした。珍しいことではありません。そして二度目は母親からの電話でしたが、それに出ようかどうか迷っているうちに携帯電話の電池が切れてしまい、けっきょく出ることができませんでした。母からの電話は珍らしく、しかも夜遅くの電話となるとそれまで一度もありませんでした。それで急用なのかもしれないと思ったものの、電池が切れてしまっていましたし、電話をかけて母と話すような雰囲気でもなく、これから自分がしようとしていることを考えていたら、電話のことはすぐに忘れてしまいました。

逮捕後に知ったところによると、母はなにか虫の知らせのようなものを感じて急に電話をかけたくなったということでした。その電話に出ていれば、もしかすると結果は違っていたのかもしれません。事件の捜査員もそのようなことをいっていました。

午後十一時ごろ、片側一車線の信号も歩道もないような場所で、川口が前方から歩いてくる女性を見つけました。

被害者の糸原さんです。

「あれどう」

川口のその言葉に僕と神田は賛同し、前方から歩いてくる糸原さんとすれ違いました。

僕たちは車をUターンさせて糸原さんの背後から近づいて追い抜き、百数十メートルほど先の路上に車を停めて待ち伏せました。糸原さんは車の右側、つまり僕のほうを通ることになります。

僕は軍手をはめた手でスライドドアの取っ手をつかみながら後ろをふり向き、糸原さんが歩いてくるのを見つめていました。神田と川口も身体をひねりながら後方の糸原さんを見ていました。

軍手をしていても掌の汗が感じられるほど緊張していて息苦しかったです。もう失敗は許されない。そんな空気が車内に漂い、鼓動が激しくなっていました。

ゆっくりと、しかし確実に糸原さんは近づいてきます。

そして、糸原さんが車の横を通りすぎる瞬間、神田から「いまだ」といわれ、僕はとうとうスライドドアをあけて外へ出たのです。

「すみません」

背後からそういって近づき、警戒するような糸原さんに「すみません」と、さらに声をかけながらさっと周りに視線を走らせました。そして糸原さんの背後から右手で口を塞ぎ、左手で腹部を抱きかかえるようにし、待ち構えていた神田にあずけるような感じで糸原さんを車内に押し込みました。遊離した自分の魂が勝手に動いているようで、車から出て戻るまでの一連の動作が夢のなかの如くおぼろげでした。まるきり現実感が伴っていませんでしたが、車に乗り込むと一気に気が高ぶり、不快な汗に包まれました。気がついたときには糸原さんの片手に手錠がかかっていて、もう片方の手に僕が手錠をかけようとしたら彼女は嫌がったので、そのままにしておくことになりました。

僕がスライドドアを閉めるのと川口が車を走らせたのはほぼ同時で、車はうなりを上げながら狭い道を走り抜け、僕の感覚では、監禁場所にした阿藤の自宅とは反対の方向へ進んでいるようでした。

「方向が逆だ」

僕は川口にそういいましたが、その言葉に対して神田が、「戻るのはまずい」と拉致したばかりの方向へ走ることを嫌がりました。おそらく拉致したところを誰かに見られて通報されているかもしれないと警戒したのだと思います。

そして神田はさらに、「人けのないところに行ってくれ」と川口に指示しました。

川口はしばらく思案していましたが、やがて、彼は愛知県西部の木曽三川公園に決めて、車は西進して行きました。その際、幹線道路は車のナンバーを読みとるNシステムがあるので、それを避けるために幹線道路を通らないようにと僕は川口に注意していました。

移動中、糸原さんは僕と神田の足もとで横向きに座り、足を伸ばした状態でいました。騒いだり暴れたりするようなことはまったくありませんでしたが、それはどちらかというと何が起こっているのか判断がつかず、動揺しているという感じでした。

　約一時間半の移動中、僕たちと糸原さんとの会話は三回だけです。僕と神田が「騒がなければ危害を加えるつもりはない」、「身体が目的じゃないからそれは安心してくれ」などと話したのに対し、「わたしはそんな馬鹿じゃない」、「本当に帰れるの？」というやりとりが一回目。川口がタバコを吸おうとしたときに、「タバコは嫌いだからやめてほしい」といったのが二回目。途中で気分が悪くなったときに「吐きたい」といったのが三回目でした。吐きたいといったのは、飲酒したあとだったせいもあったのだと思います。

　そして糸原さんの気分がわるくなったことで、「もうこの辺りでいいんじゃないか」などと神田や僕がいって、八月二十五日になった直後の午前零時ごろ、拉致現場から約三十キロ離れた飲食店の駐車場に車を停めました。郊外で深夜だったこともあり、人や車の往来はほとんどなく、ときおりトラックが通るくらいでした。街灯は点々とあるだけで薄暗く、ひっそりとしていました。土がむき出しの広い駐車場には僕たちの車しかありません。

　神田の指示で川口がエンジンを止め、僕たちは交互に降車して喫煙しました。阿藤の自宅に監禁するという当初の計画とは違った上に、誰がどのように脅すかという役割りも決めていなかったので、神田も川口も、どう切り出したらいいのかわからないといった感じで、糸原さんから金品を奪うきっかけをつかめないでいたようでした。

　そこで僕はタバコを吸い終えてから運転席に乗り込み、僕と一緒に車外でタバコを吸っていた川口は二列目シートの運転席側に乗り込むことになりました。神田は変わらず助手席の後ろで、その神田のほうのスライドドアに糸原さんはもたれていました。足は川口のほうに伸ばされていたので、彼女は神田と川口の足もとでL字形に座っていたことになります。

運転席に乗り込んだ僕は、助手席とのあいだから糸原さんの膝に手を伸ばして彼女のバッグをとり上げました。

「金が目あてなんだ」

僕がそういうと、糸原さんは大きく溜息をつきました。僕を睨みつけているような感じでしたが、車内の明かりで目立たないようにエンジンを止めてあったので、表情まで見えたわけではありません。この「金が目あてなんだ」ということと、糸原さんがそれを聞いて溜息をついたことについても、僕は捜査段階からこれまでずっと隠し通していました。

僕はまずバッグのなかから財布をとり出して、財布のなかから現金六万二千円を抜いてそれをダッシュボードに入れました。そしてキャッシュカード二枚とクレジットカード一枚を抜きとり、それを神田に渡したりしながら暗証番号を教えてくれと糸原さんに話しかけ、さらに二人で、「教えてくれないと帰れなくなる」などといって脅しました。しかし、彼女は堅く口を閉ざし、とうとうしびれを切らした川口が糸原さんの身体を触ったり服の上から胸を揉んだりしたので、僕と神田が彼を窘《たしな》めて、川口が手を出せないように彼を運転席に座らせました。つまり、車を停めたときの座席に戻ったのです。

ところが、それでもなお川口は糸原さんに手を出そうとしました。それを神田が戒め、暗証番号の訊きだしを再開しましたが、糸原さんは一向に口を閉ざしたままで、川口が「誕生日とかじゃないのか」と訊いたときに、「馬鹿じゃない。そんなわけないでしょ」と、身体を触られた怒りを川口にぶつけて、やっと言葉を口にしたのです。

僕はその会話に乗じて川口に、「山下さん包丁をとってください」といって、運転席のドアポケットに入っていた包丁を彼から受けとり、糸原さんにその包丁を示しました。

そして僕の隣にいる神田が、「この包丁は百円ショップの包丁で切れ味がわるいんだ。死ぬまでに最低五、六回は刺さないと死なないかな」、「ぶっ殺すぞ」などと脅して暗証番号を教えろと迫り、さらに、五分だけ待つといって自分の腕時計を見ながらカウントダウンをはじめました。

五分経過するとこんどは、「もう五分経っちゃったから、叫ばないように」と糸原さんを脅し、「刺しちゃってください」と、僕のほうを見て彼はいいました。

とつぜん刺してくれといわれても、刺すつもりで包丁を持ったわけではなかったので、急に刺せるわけがありません。それで僕は逡巡し、包丁の平らな面で糸原さんの腿を叩いたり、包丁を逆手に持ち換えてふり下ろし、腿に刺さる手前で寸止めをしたりしながら、「もう待てねえんだよ。みんな苛ついてんだよ。早くしゃべるんだ」と脅しました。

すると糸原さんが呟くように何かをいいましたが、声が小さすぎて僕にはその内容がききとれませんでした。彼女の横にいた神田さえ訊き返したほどです。

神田が訊き返したとき、僕は身体を糸原さんのほうに傾け、耳を澄ましてました。

しかし、彼女のその言葉が、どうやら四桁の暗証番号だとわかった程度で、はっきりと四つの番号が聞こえたわけではありません。神田も僕と同じ程度だったようですが、糸原さんに近いぶんだけ、彼はかろうじて番号を聞きとれたようでした。その聞きとった番号を何度か糸原さんに確認して、彼女が頷いたので、川口がその番号を携帯電話に打ち込み、さらに通話ボタンを押して発信履歴に四桁の暗証番号を記録しました。神田が口にした番号は当然に僕も聞いていていました。

その時刻は川口の携帯電話の発信履歴から、八月二十五日の午前一時前だったことが捜査で判明しています。ただし、糸原さんが口にした番号は、彼女が残したとされ世間を慟哭の渦に導いた2960《ニクムワ》ではありません。このことは（四）の捜査等で詳しく説明します。

　暗証番号を訊きだしたあと、糸原さんの片手にかけられていた手錠を神田と僕で両手にかけ直し、そのあと僕は神田と二人で車外に出ることになったので、川口が二列目シートに移動して糸原さんを見張ることになりました。

　そして僕と神田が車から少し離れたところでタバコを吸いながら、糸原さんが口にした暗証番号について本当かどうか話し合っていると、とつぜん車内から糸原さんの悲鳴が聞こえ、神田が慌てて車に走り寄ってスライドドアをあけました。

　すると川口が糸原さんに覆いかぶさっているところだったので、「何やってんですか！」、「手を出したらだめだっていったじゃないですか！」と、僕と神田が川口を止めたのです。

川口は「すいません」と謝ったので、スライドドアを閉めて僕と神田はふたたび車から離れました。そして今後について話し合おうと思い、僕が暗証番号について「あれだけ怯えていたんだから嘘じゃないと思う」と話したところ、神田が「殺《や》っちゃおうか」と口にし、そこで車のなかに綿ロープがあったなと僕は思い出したので、「ロープありますよ」と神田に教えました。

　このやりとりについて、僕は捜査段階から保身のために誤魔化していましたが、ここに記述したことが事実です。つまり、ここまでのどこかで、拉致した人を殺害することになるかもしれないという思いがあったのだろうと思います。そして、それは碧南事件で体験したことなどが多分に影響していたのではないでしょうか。ただし、判決書きの殺害経緯はここで述べたとおりになっているので、判決に影響することではありません。

ロープありますよ、という僕の言葉に、神田は「腕で絞めます」といいましたが、その直後にふたたび糸原さんの悲鳴が聞こえて、「またか」と神田はいいながら車に戻りました。

逮捕後の川口の供述などによると、彼は糸原さんの服を脱がそうとしたり、抵抗する彼女の顔を平手で殴打したりしたようです。

神田は川口の隣に乗車してスライドドアを閉めてしまったので、僕は神田が川口と二人で糸原さんを殺害してしまうものだと思い、そのまま数分のあいだ車外でタバコを吸っていました。

なぜこの場面で殺害する必要があったのかわかりませんでした。暗証番号が本当に正しいかどうか確認する前に殺害などするものではありません。でも僕は理由を訊こうと思わなかっただけではなく、殺害を止めようともしませんでした。なぜなのか自分でもよくわかりません。強いていうなら、とつぜんのことで戸惑っていたか、殺害のことを自分ごととして考えていなかったのだと思います。そんな理由で済ましてはいけないことだとは思いますが、そういった理由くらいしか思いあたりません。

殺害することにした理由については、川口に暴力などをふるわれた糸原さんが、いまにも逃げだしそうな感じだったからだと、逮捕後に神田が供述などをしています。

黒いスモークフィルムのせいで、車内の様子はわかりませんでした。いま正に殺害がおこなわれようとしているのだと思うと、まるで小さな虫がぞくぞくと這い上がってくるように、足もとから恐怖が迫り上がってきました。

しかし、神田と川口が糸原さんに手をかけているような気配がまるでなく、悲鳴も物音もしなかったので、殺害をやめたか、それともほかに何かあったのだろうと思い、僕は車に近づいてスライドドアをあけました。

すると、川口は運転席に戻っていて、神田は床上に座らされていた糸原さんの背後に座り、彼女の肩を押さえていました。つまり神田は、糸原さんと同じ床上で彼女の背中とスライドドアのあいだに挟まれるような感じです。

「早く乗ってください」

神田にそういわれ、僕は反射的に車内へ入り、スライドドアを閉めました。

そして、その直後に殺害行為がはじまったのです。

「手足を押さえてくれ！」

神田のその言葉で糸原さんが伸ばしていた足を僕が押さえつけ、川口が運転席から身体を乗り出しながら手錠のかかった両腕を押さえました。そして神田が糸原さんの背後から首に腕を回しかけ、柔道の裸絞めのように数分間絞め続けました。

やがて、「腕がしびれてきた」と神田がいったので、僕は糸原さんの足から手を放して助手席の背後ポケットに入っていた綿ロープをとり出し、それを糸原さんの首に一重で巻いて運転席の川口と引っ張り合いました。

その瞬間でした。

川口と引っ張り合った行為が、碧南事件で和男さんを殺めてしまったあの瞬間の壮絶なフラッシュバックを生じさせ、烈しい恐慌状態に陥ったのです。

そして、糸原さんの首に回しかけた綿ロープが一重で、しかも僕と川口が真っすぐ（百八十度の角度）にロープを引っ張っていなかったので、糸原さんの首を絞められずにさらに焦ることになりました。

そこで神田が、「それではだめだ」といってロープを引きとっていき、その綿ロープを二つ折りにして糸原さんの首に回しかけ、輪になった部分に綿ロープの端を通して自らそれを引っ張りました。

僕と川口は神田の指示に従って足を押さえつけ、さらに「息が漏れているからテープでとめてくれ」といわれたので、僕は座席に置いてあった粘着テープを十五センチほど切りとって糸原さんの口に貼りつけましたが、うまく貼ることができなかったのでテープの上から口を押さえつけることになりました。

その直後、こんどは「鼻から息が漏れてる」と神田にいわれ、僕は右手で糸原さんの正面から彼女の口を塞ぎながら左手で鼻をつまむことになってしまいました。

なおも恐慌状態は続いていて、もうどうすればいいのかわからなくなっていました。

このとき僕は初めて糸原さんの顔をまともに見ました。息苦しそうな顔が目につき、うめき声が聞こえていました。それで衝撃を受け、その場をなんとかしたい一心で、偶然目についた座席下のハンマーを手にとり、糸原さんの頭部をたて続けに三回殴打してしまいました。はっきりと覚えているわけではありませんが、気絶すればいいくらいの気持ちだった気がします。糸原さんの頭の位置と天上の高さからハンマーを思いきりふり下ろせるわけがありませんし、仮に本気でふり下ろしていたとすれば一撃でも致命傷になりかねない殴打を三回もおこない、それが致命傷になっていないことは逆にいえば、気絶すればいいくらいの気持ちでとっさに殴打した裏づけにもなるようなことです。

「殺さないで」、「殺さないっていったじゃない」、「話を聞いて」

僕がハンマーで殴打したとき、糸原さんはそんなふうに哀願していました。

糸原さんの頭を三回目に殴打したとき、血が飛んできたような気がしたので咄嗟に叩くのをやめ（実際には自分の汗だった）、直後に神田から「テープを巻いてくれ」と指示されて、僕は神田と二人で粘着テープを糸原さんの顔に巻きつけました。窒息させるためだとわかっていました。わかっていましたが、たとえば雪の斜面で転がりながら大きくなる雪玉のように、もうどうしようもありませんでした。ベクトルは殺害へと向かってしまっていたのです。

さらに、「テープのあいだから息が漏れてる。縦にも巻いてくれ」といわれ、その神田の指示に従うと、続いて「袋をかぶせてくれ」と、ハンマーが入っていたホームセンターのレジ袋を彼が指さしたので、僕はそれを手にとって神田と一緒に糸原さんの頭上からすっぽりとかぶせました。

「首のところにもテープ」

神田がそういったときに、糸原さんはぐったりとしていましたが、確かに息はまだありました。

頭からかぶせたレジ袋の口と糸原さんの首を僕が粘着テープで密閉したあと、神田が糸原さんのその頭を二列目シートの上に寝かせました。そして彼は、その上にタオルをかぶせたので、何をするのだろうと僕が疑問に感じた次の瞬間、神田はハンマーを手にとって糸原さんのその頭部を殴ろうとしたのです。

「何するんだ！」

僕はそういいながら近くにあった自分の半袖ボタンシャツをかざしました。そんな行為を見たくはありませんでしたし、血が飛んでくるような気もしたからでした。

神田は糸原さんの頭をタオル越しに殴り続けました。僕が「もういいだろう。それ以上やる必要はない」といっても憑かれたように殴り続け、数十回殴りつけたあとに彼から脈をとってくれといわれました。しかし糸原さんの手首を持っても脈があるのかないのかなどわかりませんでした。そこでハンマーを手放した神田が自ら糸原さんの脈を確かめ、亡くなっていることがわかりました。

その後、僕たち三人は糸原さんの遺体を三列目シートの上に横たえ、その上にトランクルームにあった川口の衣類やボストンバッグなどを置いて外から見られなくし、駐車場をあとにしたのです。

殺害現場となった飲食店の駐車場を出たあと、神田が「まず、金を引き出さなくては」といったことで、僕たちはディスカウントストアで変装のための帽子などを購入して、ATM機のあるコンビニへ向かいました。その移動中に、糸原さんから奪った現金六万二千円を僕たちは分けていました。僕と神田が二万円ずつで、川口が二万二千円です。川口が多いのは、彼がガソリン代などをほとんど一人で支払っていたからでした。

けっきょくATMは時間外で使用できず、その後、神田から糸原さんを遺棄する話が出ました。

神田は「国有林などがいいけど、どこか知らないか」と訊いてきて、僕と川口が岐阜方面に詳しかったことから、高速道路を使ってそちらのほうへ車を走らせることとなりました。

移動中、もし警察に止められでもしたらと考えたりして、僕は気が気ではありませんでしたが、神田が糸原さんのバッグからあるものを見つけると、正直なところ驚いて興奮せずにはいられませんでした。

銀行ＡＴＭの取引き明細書です。

残高は八百万円以上ありました。

それからは、とりあえず一刻も早く遺体を遺棄して早く終わらせたいと思いながら、二列目シートで神田と八百万円の引き出し方法などを話し合っていました。

高速道路を下りてから、車は国道を一時間くらい走り、林道へ入りました。片側一車線の暗い道を進んで行くと、途中で神田が「埋めるために使うスコップか何かがいるな」といったので、通り道にあった資材置場のようなところに侵入して僕たちはスコップ二本を盗みました。

そしてその資材置場から十分ほど走ったところで、車が一台通れるくらいの脇道を僕が見つけ、川口が車をバックでその脇道へ入れました。脇道は十メートルほど先で立ち入り禁止の札がかかった鎖が張られていて、それ以上は車で入って行けなかったため、神田と僕が降車して下見をすることになりました。

鎖をまたいで進んで行くと、アスファルトの下り坂が続いていました。街灯などの明かりがいっさいなく薄暗いその下り坂を恐る恐る――ほとんど何も見えないので本当に恐る恐る歩いて行くと、五分ほどで行き止まりになりました。実際はその先も道が続いていたようですが、草木が生い茂っていて、暗いなかでは行き止まりに見えたわけです。その坂道は、橋の建設用に舗装された道だったと、逮捕後に捜査員から教えてもらいました。

最初はその行き止まりの辺りに遺棄しようとしていましたが、車へ引き返す際、道の片側にガードレールが見える場所があったので神田が携帯電話のライトでそのガードレールの向こうを照らすと、草木が生い茂る斜面になっていることがわかり、遺棄するにはそこのほうが都合がいいと二人で話し合って決めました。

車まで戻った神田と僕は、ハッチバックをあけて遺棄することを川口に伝えました。そのあと神田と川口の手を借りながら僕が糸原さんの遺体を肩に担ぎ、二本のスコップを手にした神田と二人で坂を下りて行きました。車が停まっていては不審に思われかねないので、川口は僕と神田が遺棄しているあいだ車で現場を離れ、僕たちが遺棄を終えたら連絡して合流するという手筈になっていました。

僕は神田と決めた場所まで糸原さんを担いで行き、ガードレールの向こうへ遺体を落としたのですが、斜面といってもそれほど急ではなかったので、遺体は草に埋もれるようなかたちになり、僕と神田はその遺体の上に、土や草などをかぶせて糸原さんを遺棄しました。雨でも降れば土や草は流され、遺体は丸見えになっていたに違いありません。しかし、このときはそんなことを考えていられず、とにかく早く終わらせたくて仕方ありませんでした。

遺棄したあと、神田が遺体に向かって手を合わせていたので、それを見て僕も手を合わせていましたが、神田は僕が声をかけるまで、数分間ずっと手を合わせたまま動きませんでした。そのときは、早くその場を離れたくてその数分間がじれったかったですが、いま思うと、その数分のあいだ、神田は神田なりに、暴虐のかぎりを尽くしたような行為を反省し、あるいは後悔し、糸原さんにお詫びをしていたのだと思います。僕にそんな姿を見せるために数分間も手を合わせていたとは思えません。

遺棄後、川口が迎えにきて、僕たちは岐阜県の林道を抜けて岡崎方面へ車を走らせました。川口がその道に詳しかったのです。

そしてカーナビや携帯電話で銀行の場所を探してその場所まで行き、僕たちはATM機が使えるようになる午前九時まで待って、現金を引き出そうとしました。

ところが。

九時になって変装をした川口が銀行へ入って行きましたが、暗証番号が合わなかったために、すぐに店内から出てくることになってしまいました。

そのあと、神田が川口に携帯番号を見せてくれといったので川口が四桁の数字を表示させて、その携帯電話を神田に差し出しました。

「違う。××××だっただろ」

神田のその言葉に、僕も川口の携帯電話を思わず覗き込んでしまいました。

神田のいうとおり、確かに違いました。しかし、違うことはわかっても、それは漠然とした感覚で、糸原さんを脅したときに神田が口にした番号はうっすらとしか思い出せず、最初と最後の一桁がわかる程度でした。神田も僕と似たようなもので、はっきりとは思い出せなかったようです。

そして、たぶんこれだろうと思われる番号で二回目をためしてみましたが、それも合わず、神田が三回目を間違えるとまずいなといったことであきらめるしかないと理解し、金額が大きかったことや糸原さんが犠牲になったことが苛立ちと疲労感のようなものを招き、僕は思わず「くそっ！」と、声をあげながら眼前のヘッドレストを思いきり殴り、怒りを叩きつけてしまいました。その運転席に座っていた川口が驚いてふり返ったほどでした。

その後、もう一枚の銀行のカードとクレジットカードで現金の引き出しをしようと試みましたが、いずれも失敗に終わり、僕たちは帰宅することになったのです。

名古屋方面に車が走っているなか、奪った現金の少なさから、神田が、「今夜もやろう。次は風俗嬢を襲う」などと話し、僕は適当に、調子を合わせました。まったく眠っていませんでしたし、気力が完全に萎えきっていたのです。川口も積極的な発言はしませんでした。

僕はこのときの川口の様子や、銀行のATMが使えるまで待っていた間の彼の沈鬱な表情などから、もしかすると川口は自首するかもしれないと感じていました。僕も碧南事件の直後に、おそらく川口も感じていたと思われる恐怖（自分が人を殺めたという現実）に怯えていたので、彼の態度などからその気持ちをなんとなく察することができたのです。

しかし、僕は疲れきっていたので、川口に何か話しかけたりすることはありませんでした。その代わり、帰宅してから神田に、『山下さん大丈夫ですかね？』などとメールを送りました。このメールの内容は捜査で明らかにされていましたが、メールを送った真意について語るのはこれが初めてです。

八月二十五日の午前十一時ごろに帰宅した僕は、杏子に「喧嘩してしまった」などといって糸原さんの血液が付着したジーンズを洗濯し、入浴しました。杏子は「馬鹿じゃない」といっただけで何か訊いてくることはありませんでした。僕が実家に行っていたと信じ込んでいたようです。

僕は二日間まったく眠っていませんでしたが、気が高ぶったように胸がざわつき、疲弊した神経が悲鳴をあげて寝ようとしてもまったく眠れず、何も手につきませんでした。

そしてその夜、川口から『あと五分で着きます』というメールが届き、マンションのエントランスまで降りて行くと、すぐに二、三人のごつい男たちに両腕をとられ、「田中だな」と訊かれて頷きました。最初はその男たちのことを神田か川口の仲間たちで、何かの理由で僕を捕まえにきたのかもしれないと思いましたが、すぐに男たちが警官だと知ることとなりました。

車に乗せられ、自分は捕まったんだと理解すると、恐怖と絶望の深さに虚脱感を覚え、やがて不思議な安堵感に包まれました。それは、留美からの借金やそのほかのすべてのものから解放され、もう終わったという実感でもありました。そして警察署へ向かっている途中で捜査員に、「やっと寝られますね、僕」と、僕は思わず口にしていました。

川口が自首をし、僕と神田の逮捕に協力したのだと知ったのは、それからしばらく経ってからのことでした。

四．捜査等

千種事件で留置場に勾留された僕は、後悔や良心の呵責を感じるよりも、碧南事件や守山事件のことがばれないだろうかということに緊張していました。それはただ単純な心配で、死刑になるとかならないとか、そういうことはまったく頭にありませんでした。

そういうなかで千種事件の捜査はおこなわれていき、勾留手続きなどで検察庁へ行く際に、報道関係者の多さから自分が途轍もない事件を起こしたのだと、初めて実感しました。

捜査は自供とともに進められていき、ある程度の取調べが進むと実況見分がはじまりました。

なかでも糸原さんの遺留品や、犯行に使用した凶器、それに僕や神田の住居から押収したもの、川口の車のなかにあった荷物などが保管してある警察署の倉庫のような場所に行ったときのことは決して忘れられません。それらの証拠品は膨大で、かなり広い部屋のなかでひとつひとつ番号札をつけられて整然と並べられていました。事件当日に糸原さんが身につけていたもの、神田の僕物、川口の僕物と分別されていて、それらを順番に見ていき、見覚えのあるものを指さして写真を撮ったのですが、糸原さんのスカートやストッキングには血液が付着していて、僕はそれを目にしたとき、事件の日のことを思い出さずにはいられませんでした。殺害後の血液の異様な生々しさが蘇って頭がくらくらし、暗かったせいであまり鮮明でなかった自分たちの行為を、文字どおり突きつけられたような感じがして戦慄が全身を駆け抜けました。たまらなく胸が苦しく、身体の芯がキリッと痛み、さすがに事件のことを後悔せずにはいられませんでした。

僕は警察や検察で訊かれたことを、おおむね正直に話していたので、調書の作成や実況見分は着々と進められていきましたが、そのなかでひとつだけ納得できないことがありました。

暗証番号のことです。

犯行状況のなかで述べたとおり、糸原さんが言葉にしたのは２９６０《ニクムワ》ではありません。このことについて、僕は捜査段階で違うといっていますし、神田もそういう供述を調書に残しています。ただ、現実に川口の携帯電話に２９６０という数字が残されている以上、それが糸原さんから訊きだした番号に違いないだろうといわれれば、反論しようにも当時の僕にはできなかったのです。それはどうやら神田も同じだったようです。

しかし現在は違います。膨大な調書を読み込んで、不自然さに気づきました。

まず、暗証番号の訊きだしをしている場面をよく思い出してください。

運転席に座っていた川口には糸原さんの声は聞こえませんでした。つまり川口は、神田が口にした番号を携帯番号の発信履歴に残したのです。これは間違いありません。

つぎに、殺害が決まっているわけでもない場面で２９６０《ニクムワ》という語呂合わせをするのは不自然だということもあります。普通は現金を引き出してから解放したりするものだと思います。そのことに糸原さんが気づかなかったはずもありません。確認されれば語呂合わせは意味がなくなります。

それでは、なぜ２９６０《ニクムワ》という番号ができたのかとなりますが、川口の押し間違いか、あるいは捜査機関が捏造した可能性もあります。後者は難しいことではありません。最後の発信履歴を改ざんするだけなので、日づけと時刻の設定を川口が発信履歴に記録した日時に変えた上で、２９６０を発信すれば済みます。

一方、川口の押し間違い、あるいは聞き間違いの根拠として、まず、彼自身が知能面においてＩＱ六十五という、「とくに低い六十九以下」の分類に入り、軽度の知的障害といえることがあります。彼が派遣されていた工場の人の供述によれば、川口は製品にシールを貼る単純作業もできないほど落ち着きがなく、不器用だということが判明しています。そういう川口が初めて人を脅す場面で正確に携帯電話のボタンを押せなかったということは充分に考えられます。もちろん四桁すべての数字を押し間違えたといっているわけではありません。

　こういうことから、川口の押し間違いではないかと考えられるのです。

　正直なところ、いまさらこういうことはどうでもいいと思います。むしろ、ほじくり返す必要はありません。糸原さんが残したとされる2960《ニクムワ》と、実際に彼女が言葉にした番号が違っていても、途轍もなく重大な結果は少しも変わらないからです。ただ、間違った認識は、ある意味、彼女を冒瀆しているのと変わらない気がしてなりません。

　捜査機関による捏造だと思う根拠について、これから記述することと重複するような内容だったので、ここまで触れてきませんでした。捏造だと思う根拠については、これから記述することから察してください。三つの重大な事件の捜査を経験してきた僕から見ると、捜査機関というのはこれくらいの捏造なら平気でおこなってしまうところです。

　ちなみに、逮捕後の神田が交際相手を通じてブログに『嘘つきねえちゃん』云々と、2960《ニクムワ》に関連した文章を載せましたが、あれは世間に対して感情的になってやってしまったことだったと、僕は人づてに聞いています。

　千種事件の捜査では、けっきょく碧南事件のことも守山事件のことも話に出ず、余罪について聞かれることすらありませんでした。碧南事件と守山事件について、いつ聞かれるかと怯えていたあのとき、もし聞かれるような何かのきっかけがあったなら、自分から話していたかもしれません。それをいってもいまさらどうしようもありませんが、もし千種事件の捜査段階で僕の余罪が露顕していたら、その事実関係についてもっと正確に話せていたかもしれないのです。千種事件の捜査段階で、碧南事件のことをどこまで調べていたのかわかりませんが、けっきょくは碧南事件の現場に残されていた枝豆の皮から採取したＤＮＡがきっかけで、阿藤や僕に辿り着いたのですから、千種事件でＤＮＡの採取がおこなわれた時点で、なぜ、碧南事件のことにつながらなかったのかと、いまとなってはとても残念に思います。

碧南事件のことを自分から話さなかった僕には当然に非がありますし、事件を起こしておいていうことではないかもしれませんが、千種事件で採取したＤＮＡから容易につながる碧南事件を見すごした捜査機関に、まったく責任がないとは思えません。

他方で、捜査段階ではこんなことがありました。

僕の住居から押収された僕物のなかに、僕が知らない現金があったのです。強盗事件ということで、住居にあった現金をすべて押収されていたことは知っていましたが、そこに並べられていたものはまったく知らない現金でした。杏子が僕に内緒でどこかに隠していたものだったようです。おそらくコンクリートがむき出しになっているような場所に隠していたのでしょう。お札はすべて白っぽく汚れていたのです。

その現金を見て、ひとこと杏子に金が必要だと話していれば、事件など起こさずに済んだかもしれないと、自分勝手なことを思いました。そう思いましたが、その現金ではどうしようもないほどの借金を、今後、杏子が一人で返済していかなければならないのだと考えたら、そんな自分勝手な思いはすぐに打ち消されて胸がつかえてしまいました。

彼女は事件後にパニック症が悪化して警察の建物にも入れなくなったため、事情聴取もほかの場所（たとえば七緒さんの自宅など）でおこなわれたのではないかと思います。

僕が留置場にいるとき、事件の衝撃に襲われ、マスコミに追われ、肉体も精神も疲弊しきっていたに違いない杏子に代わって僕の父が面会にきました。マンションの引き払いに伴いブロードバンドを解約したいけれども、パスワードがわからないとのことでした。僕もすぐには想い出せませんでしたし、けっきょくその後どうなったのかはわかりませんが、そのとき初めて、杏子のパニック症が悪化したことや、それが警察署の建物にも入れないほどだということを知ったのです。そのとき、もう杏子に会えないのかなと思ったら唐突にこみ上げてくるものがありましたが、それ以上に、杏子が抱える悲しみや不安や虚脱感を考えると、彼女が涙を滾々《こんこん》とあふれさせる姿が脳裏をよぎり、いたたまれなくなって腹の底がふるえました。

後日、飼い犬のビビを僕の父が連れてきてくれたのですが、アクリル板越しによく見ると、ビビの両耳にはフェルトでできた新品の小さなリボンがついていました。それはいつもトリミングをしてもらったときにつけてもらうものです。つまり杏子は、マスコミに追われたり、マンションを引き払ったりで疲労困憊しているなか、わざわざビビをきれいにして僕のところに連れてきてくれたわけです。そのことに、彼女の気づかいや優しさを感じて、さすがにたまりませんでした。駐車場の車のなかにいる杏子のことを思い、すぐ近くにいるのに顔を見ることも話すこともできない現実に打ちのめされ、涙は止まりません。それは失ったものの多さを思い知らされ、与えられるもの少なさを身をもって知った瞬間でもありました。ビビを見たのはそれが最後です。

面会でいえば、芳江や留美もきてくれました。

芳江には最初に「馬鹿」といわれました。そして「とにかくこれまでのことをすべて手紙に書け」といって便せんなどを差し入れされたので、そのときの自分の気持ちなどを正直に書き、それまでの生活のことも書いたように記憶しています。

そして彼女から、「これからあなたの支えになっていく」という手紙をもらいました。芳江は僕が千種事件で死刑宣告を受けるまでずっと心の支えでいてくれたのですが、僕のことを優先して仕事のことを後回しにしていたため会社を辞めざるをえなくなり、さらに、僕が留美とも面会していることを知ったことで、徐々に僕から遠ざかっていきました。

その留美ですが、留置場にきてくれたときは、とつぜん目の前で泣きはじめ、「ごめんね、留美のせいでごめんね」と、ずっと泣きやみませんでした。

わるいのはすべて僕のほうです。彼女がわるいと思う必要はまったくありません。それなのにずっと謝ってくるのでこちらが苦しくなり、「ほんとに俺がわるいだけだから。借りた金もなんとか少しずつ返すようにするから」と、どうにもならないのに、ついそんなことを話してしまいました。

留美は「そんなのもうどうでもいいから」と泣きながらいって、そしてひとしきりの時間が経って肩のふるえが止まったかと思うと、またおえつが聞こえました。感情が崩壊したときの彼女でした。

現在は受刑者なので基本的には親族しか面会できないわけですが、杏子も芳江も留美も、それぞれの理由で僕から離れていったいま、手紙くらいやり取りできる誠実な関係を保っておけばよかったと、とても後悔しています。

でも、これも自分が招いた結果なので受け入れるしかなく、彼女らにもすでに自分たちの生活があることを思うと手紙を出すこともできません。

しかし、そういう人たちのおかげで内省を深めていけたのも事実で、面会室というのは壁の内と外とが出会う特異な場所だなと現在は感じます。


僕は千種事件の第一審裁判で死刑宣告を受け、控訴審で減刑されました。その後、平成二十四年七月十八日に最高裁で検察の上告が棄却されて千種事件の無期懲役が確定しましたが、その二週間後の八月三日に碧南事件で逮捕されることとなりました。守山事件で逮捕されたのは半年後の平成二十五年一月十六日でしたが、碧南事件で逮捕されたときには、すでに守山事件のことも捜査機関は把握していました。同時に捜査しなかったのは、間違いなく世間を煽るための工作だったのでしょうし、もしかすると捜査機関に何か不都合なことがあったのかもしれません。

ちなみに碧南事件については、重大犯罪の時効が撤廃されたことなどから、ふたたび捜査がはじまり、その結果、枝豆の皮に付着していたDNAと、千種事件で採取されていた僕のDNAが酷似していることが判明したため逮捕につながったようです。

そして、この碧南事件と守山事件の裁判員裁判で、僕はふたたび死刑宣告を受けることとなってしまいました。

終章

現在の心境

現在、僕は受刑者であり、死刑宣告を受けた未決の身分でもあるという、少し複雑な立場で作業をおこないながら過ごしています。

受刑者といっても、僕の場合は余罪の裁判があるため、拘置所の独房で内職のような生産作業をしているだけで、とくにこれといった教育を受けているわけでもありません。一ヶ月に二度ある教育指導日は、与えられるテーマ（たとえば被害者についてとか、子供のころの思い出とか、世のなかの決まりについてとか）で作文を書いたり、貸与された書籍を読んで読書感想文を書いたりするくらいです。

けれど、そういう生活を何年も過ごしていると、少しずつ、ほんとに少しずつですが、見えていなかったものが見えてきたり、物事の捉え方や考え方が変わってきたりして、いまではこういう施設にきてよかったとすら思えるようになってきました。もちろん、重大な事件のことまで肯定的に考えているわけではありません。

これまでの生産作業では、たとえば百円ショップやディスカウントショップ、ドラッグストアなどのレジ袋にチラシを入れたり、金魚すくいのポイに紙を貼ったり、ビニール袋にひもを通したり、車の部品のバリ取りをしたり、さまざまな店の紙袋や選挙で使用する紙袋、企業などの封筒を折りを折り貼りしたりしてきました。そういう作業が社会のしくみの一部になっていることや、少なからず社会貢献につながっていると知ったとき、これは自分がおこなうべき仕事だと感じました。これで迷惑をかけた人や社会に償っていかねばいけない、と。

そういう思いで現在も必死に作業をおこなっていますが、作業に思わぬ目的ができたことで、精神的には少し楽になり、その楽になったぶん、作業などへの心構えもまた変わりつつあるところです。

いまの自分にこんなかたちで目標や目的ができるとは思いもせず、こういう感覚――明確な目的を持ったときの感覚を覚えて社会での自分の生活をふり返ったとき、はっとして、これだ、と思いました。これが自分に足りなかったものだと。

いま思うと、社会での生活はその日暮らしのようなものでした。十代で香澄と結婚し、子供が生まれたときでさえそうでした。良くもわるくも家族の支えがあり、ほとんど自分のことだけことだけ考えていればそれでよかったから。あのとき、もう少し真剣に自分の家庭のことを考えて、人生の目標や目的みたいなものを持っておけば、あるいはせめて、夫や父親としての自覚をしっかりと持っておけば、それほどぶれずに生活していたのかもしれない。ひいては事件など起こさずにすんだのかもしれないと思うと、残念さに息がつまり、骨がきしむような痛みに呻きたくなる。

なぜ、自分の人生に目標や目的を持てなかったのか考えてみた。

たぶん、わがままだったのだろう。

考えられなかったというのはただのいいわけでしかないから、考えなかったのだろうと思った。そういう意識を持とうとすらしなかったのだと。それってつまり、わがままだなって。

そしたら自分のなかでとてもしっくりする感じがありました。考えてみたらいまもわがままかもなって。

そういうことを考えていたときに、ちょうど余罪裁判の準備で弁護人の方から犯罪心理鑑定の話がありました。千種事件の控訴審でおこなった鑑定です。その鑑定書を活用しようということでした。

鑑定がおこなわれたのは余罪が露見する前のことですが、僕は鑑定の際に余罪のことを隠していただけで、べつに嘘をついたというわけではありませんでしたし、生い立ちや鑑定テストに影響することでもありませんでした。結果は僕のことをずばりといい当てています。

見通しの甘さや、判断力の弱さ、軽率さなどが伺えると。

鑑定書を読み返してみて、なるほどと思いました。僕の事件すべてに共通することです。鑑定で指摘されたことは、どういう事件の加害者にもあてはまるようなことかもしれませんが、僕の場合ほぼすべての出来事に共通することでしたから納得できました。

たとえば結婚してからの芳江との関係もそうですし、杏子や七緒さんや留美に迷惑をかけたこともそうでした。香澄との離婚のこともそうなのかもしれません。もっといえば、離婚のこと以外すべて金銭がらみ。欲望むき出しの卑しさしか感じないほどです。

そこまで考えて、そうか、卑しさとわがままかと。

その結果がいまの自分の姿かと。

それで全部、納得しました。

卑しさとわがままだらけの自分であることにそれまで気づかなかったことには少しぞっとしたけれども、自分がそういう人間だったと自分自身で素直に認められるようになったことだけでも、こういう施設にきた意味はあったのかなと思いました。

しかし、社会でそんな自分だったことをいったん認めてしまうと、迷惑をかけてしまった人たちの顔を思い浮かべるたびに強烈な胸の苦しみを感じるようになりました。

たとえば黙々と作業をしているときに、ふと闊達な芳江の顔が思い浮かぶ。俺、どうしたかったんだろうって……。

　たとえばコンクリートで囲まれた狭い運動場で空を見上げたときに、ふと小柄な留美の顔が思い浮かぶ。彼女のこと何も考えていなかったなって……。いーってしてる杏子がビビを抱いている。ずいぶん泣かせたなって……。けたけたと笑いながら幼なかった子供たちが手をふってくる。自分が見捨ててしまったんだなって……。人間のかたちをしていなかったら、自分はいったい何だろうって……。

　もうすっかり変わっているはずの人たちを思い浮かべると、そんな苦しみに襲われた。胸の芯を握りつぶされるかのような苦しみだった。たまらなく独りだと感じた。それは救いのない絶対的な孤独だった。

　でも、自分の気持ちも確実に変わっていった。

　もう二度と社会には戻れないけれど、そんなことはもうどうでもいい。社会で学べなかったことをここで学び、普通の人が学べないことまで学ばせてもらえたのだから、と。

　唐突なあの出来事は、ようやくそんなふうに思えるようになった矢先のことでした。

「はじめに」のなかで触れたとおり、二〇一五（平成二十七）年六月二十五日に、千種事件の共犯者である神田司さんが処刑されました。関係があったのかどうか、はっきりしたことはわかりませんが、僕の余罪裁判がはじまる四ヶ月前のことです。僕は夕方のラジオニュースで彼の処刑のことを知ったわけですが、とても衝撃的で現実のこととは思えず、僕はいまでもあのときの衝撃を引きずったままですごしています。

もしかすると彼は処刑されるべき罪人だったからこそ、処刑されたのかもしれません。逮捕後の彼の言動も、もんだいはありました。

しかし、神田さんも人間なので当然に良いところもあったはずです。糸原さんを遺棄したときに、とても長いあいだ手を合わせていたのも彼の人柄の表われだったのだろうと僕は思っていましたし、いまでもその思いは変わりません。

そんな神田さんが処刑されたと知ったとき、僕は死刑というものを生身のもののように感じました。死刑という刑罰のにおいや感触のようなものを強烈に感じたのです。それまで、どこかで死刑が執行されたという報道を見聞しなかったわけではないですが、それは遠い国で起こっている内戦などのように現実味のない感じしかせず、たとえ自分が収容されている拘置所の出来事だとしても、同じような感じしか受けませんでした。死刑を本当に生身のもののように感じたのは、神田さんのときが初めてです。重大な事件を起こしてしまった僕がいうのもおかしな話ですが、正気の沙汰とは思えません。事件のときに数日間一緒にいただけで、彼についてほとんど何も知りませんでしたが、人生行路が交差した人間が同じ拘置所のなかで、それも人の手によって堂々と殺されたという現実が、ただただおぞましかった。

ただ、そういうことを神田さんが文字どおり命を削って教えてくれたおかげで、自分が何をして、どういうものを人から奪い、何を人に与えてしまったかということをさらに思い知らされ、そして自分が奪ってしまった命の真の重みを痛感することにもつながりました。

とにかく神田さんの処刑は重苦しさに満ち、あのとき一緒にいたあの人が処刑されたのかと思うと胸の奥底から悲しさが込みあげてきて、その日の夜、僕は独房の布団のなかで唇を噛みしめました。

　声を殺して泣きました。

　啜《すす》り泣きました。

　咽《むせ》び泣きました。

　涙と洟《はなみず》があとからあとからあふれ出てきました。

　これまでの収容生活では、たとえば、つらい別離や悲しい別離があり、新しい出会いや再会がありました。たとえば死刑宣告を受け、減刑され、余罪が露顕しました。そのつど、それなりの何かを考えさせられ、学んできたつもりでいましたが、僕が本当に知るべきことを教えてくれたのは、けっきょく神田司さんだったのかもしれません。

　そして、余罪事件で死刑宣告を受けたいま、僕は思います。

　神田さんのぶんも自分が罪を背負い、たとえ処刑されることになったとしても、残された時間をすべて贖罪に捧げていかなければいけないと。それが答えのない償いにつながっていくことではないのかと。

（平成二十八年四月四日）

第二部 煉獄の扉

来信

シスターWからの手紙

2010（平成22）年8月11日

合掌　祈りの内に。

堀慶末様、初めてお手紙致します。

八月十一日（水）あなたに面会を申し込んだシスターWと申します。

誰とも分からない者から面会を申し込まれたままだと気持ちが悪いかも知れないと思いましたのでペンを取っています。

私はカトリック信者で○○会に属している者です。八月九日の第一回控訴審の傍聴をさせて頂きました。その時あなたの苦しい心の内の叫びを聴きました。又、被害者であるお母様のかなしみや怒りも感じました。その中であなたにお会いしたいと思ったのです。

御家族の面会とか心を支えてくれる人はいますか。

これから苦しい控訴審が続いていくと思います。どうぞ真心から被害にあった娘さんとお母様に許しを求め続けてくださいね。

いつの日か、お母様にあなたの気持ちが届きますようにとお祈り致しております。

堀慶末様
二〇一〇年八月十一日
シスターW

シスターWから初めて面会の申し込みがあった日のことは、よく覚えています。

当時、私のところには報道関係者からの手紙が毎日のように届き、なかには、とつぜん面会を申し込んでくる方もいたので、シスターWが面会の申し込みをされたときも、私は「どうせマスコミだろう」と思い断ったのです。

しかしマスコミなら、ほとんどの方が○○新聞とか、○○テレビとかと名乗るのですが、そういった情報も面会用紙に記載がなかったので、どこか腑に落ちない感じがありました。

そんななかで、このシスターWの手紙が届き、はじめは誰かが悪戯で送ってきたのだろうと思ったのですが、とてもていねいな文字で書かれてあったので、この方は信用できる人だと思い、さっそくお詫びの手紙を書いて、後日、面会の約束をしました。

私は面会室で初めてシスターWと会ったとき、まったくの他人なのに、驚くほどの優しさで対等に接してくれる人がすぐ目の前にいるということに、信じられない思いでいました。どう表現したらいいのかわかりませんが、優しさが——一点の曇りもない優しさが、シスターのまなざしから伝わってきたのです。私の母と同じくらいの年齢だったこともあると思うのですが、この方は本当に信用できる人だと思いました。

それもそのはずです。あとで知ったところによると、シスターWは○○会の修練長（シスターの道を志す方の養成担当）を務める方だったのです。

その面会を境に、私はシスターWと面会や文通をするようになりました。

シスターWは私だけではなく、私と同じ名古屋拘置所に収容されている方とも面会などをしているとのことで、だいたい週に一度は拘置所にきていたようです。

心がどうしようもなく重い日に出会うシスターの優しいまなざしや、打ちひしがれているときにかけていただいた温かい一言に、どれだけ励まされてきたかわかりません。

そういう面会や手紙のやり取りを重ねるなかで、シスターWにはたくさんのことを教えられ、そして学ばせてもらえました。余罪で死刑宣告を受けた私がいま、まじめな生活がどれだけ幸せなことなのかをひしひしと感じながら受刑生活を噛みしめていられるのも、シスターWのおかげだと思っています。

私の日記から

控訴審第二回公判

2010年9月24日

九月二十四日（金）くもり時々雨
今日は控訴審第二回公判、Y先生（犯罪心理鑑定人）の証人尋問。

さすが大学の教員だけあって、落ち着いて話をしていたという印象を受けた。

内容は鑑定書の各項目の詳細な説明といったところだったと思う。

ただ、検察官の反対尋問では、被告人（私と川口）の面接時の会話や事実関係についての話で、捜査段階、公判段階、それぞれ違う供述内容になっているが、と指摘されていた。

また、犯罪への親和性の話で、誰がいちばん進んでいるかなどの順番について、神田の鑑定はしていないのになぜ分かるのか？など、少し嫌な質問もあった。ただ、そういう点は関係調書などを参考にしたと証言していた。

次回日程は十月十八日（月）。そのことで公判終了時に裁判長から次回の証人尋問の時間割りと、被告人質問の時間割り（すべて三十分ずつ）が決められた。

私の弁護人の要望としては被告人質問が一八〇分だったが、認められなかったことになる。

質問の内容も八項目あったのだが、四項目に減らされた。

質問できなくなった項目は主に事実関係で、私がとくに証言したかったことだったが、裁判所の決定ではどうしようもない。

質問項目は、①被害者遺族の方に送った謝罪文について。②反省文について。③ロールレタリングについて（ロールレタリングとは、まず自分が被害者や御遺族の方に手紙を書き、後日それを自分が被害者側の立場で読んで返信の手紙を書き、内省を深めるもの。少年院などで行なわれる手法のひとつ）。④現在の心境について。

この四つに限られた。

事実関係については、控訴趣意書に自分の意見を取り入れてもらっているので、詳細なことまですべて書かれているのだが、なぜいま、そのように詳細な事実を思い出したのかを証言できないのが悔しい。

今日は半日ずっと聞いているだけだったけども、さすがに腰が痛い。

もうすぐ午後八時、今日は早めに布団に入る。

来信

シスターWからの手紙

消印・２０１０年８月21日

この手紙は、シスターと初めて面会をしたあとに私がシスターに手紙を書いて、その手紙に返信をくださったものです。


お手紙ありがとうございました。

私もあなたにお会い出来て良かったです。

あなたの私の第一印象は、自分の犯した過ちに向きあっている人なのだと感じました。

あれから、私もあなたの事、被害者のお母様の事、それぞれの立場で考えてみました。

私はカトリック（キリスト）信者なのでイエス様の教えを少しは分っています。イエス様は聖書の中に、「右の頬をなぐる者には左の頬も向けなさい」、「七の七十倍も赦しなさい」と、これは限りなく赦せと言うことです。

でも私は時々まるでイエス様を知らない者のように、旧約聖書の中に書いてある「目には目を歯には歯を」と言う事を思います。

例えばオウムのサリン事件ってありましたよね。この事件に関わった人はサリンを使って死刑にする。サリンの恐ろしさを知っているこの人たちは、どれ程の恐怖を感じることでしょう。でも、大切な娘、大切な夫妻を殺された者にとっては同じ苦しみ、イヤ、もっと苦しみを味わうのはあたりまえと思うかも知れませんね。

あなたは死刑になるのはこわくない、一瞬の苦しみですからと言います。もちろんこの事について悩み苦しみ、考えに考えて辿り着いたお考えだと分かります。しかし、被害者のお母さんの立場だったら、「そうなのであれば一審の判決をうけ入れてよ……」と言われるのは当然のような気がいたします。お母さんにとっては大切な娘が、「殺さないで、助けて」と叫び、懇願したにもかかわらず、恐れと恐怖の中で亡くなっていった娘を思う時、気が狂わんばかりになると思います。それを支えているものは、あなたたちを死刑にしなければ……と言う、昔で言えば仇討。これを果すまではと頑張っておられるように感じました。

このガンとして凍りついたお母様の心をどのようにしたら溶かすことが出来るのでしょうか?

確かにあなたたちが死刑になっても癒されないと思います。これを溶かし癒していくのはあなたの真実な心、本当の心。自分のことを考えるのではなく、亡くなった彼女の事、お母様の事。自分にどのような判決が下るのではなく、自分が生きている間にお母様に赦して頂く。お母様の憎しみの心が少しでも癒され、お母様のお顔に笑顔がもどることを願いながら生涯償っていく事ではないでしょうか。

イエス様は言われます。「人間には出来ることではないが、神には出来る」……と。

もうすでにあなたは自分の信じている神様に祈っておられると思いますが、あなたの心が被害者の娘さんやお母様に届きますように、お母様が赦してくださるように、お母様の心が癒されますように祈り続けて下さいね。私も祈っております。

又、面会に行きます。お元気でね。祈りの内に。

堀慶末様

二〇一〇年八月二十日

シスターW

私は確かにこのとき、重大な余罪をシスターWにだけではなく、すべての人に隠していました。とても許されることではありません。

ただ、私もそれなりに苦しかったことは事実です。そして、そのときの自分の気持を偽りなく打ち明けていたことも、また事実であることに違いありませんので、その点をご理解ください。

私の日記から

つらかったお袋への反対尋問

２０１０年10月18日

十月十八日（月）晴

どうしてお袋一人で来たんだろう？　仕事を休んででも、誰かが付き添ってくるべきではないのか。

自分のことはどうでもいい、勝手なことをしたのだから。でも、お袋への思いやりがなさすぎないか？　お袋が出廷することを知っているのだから一緒にくるべきだろ！　なにやってるんだ、兄貴たちは！

　お袋は消え入りそうな声で、裁判長からも「もっと大きな声で話すように」と言われていたが、そんなの仕方ないじゃないかと思った。周りは皆、お袋の敵といってもいいような人ばかりなのだから……。四面楚歌の状態なのだから……。

　傍聴席も二つ用意してもらったのに、お袋の隣は白い紙が貼られて、空席というような文字が書かれていたので、逆に目立って仕方がなかった。

　休憩で退廷するときにチラッとお袋を見たが、とても辛そうというか寂しそうというか悲しそうというか、うなだれて無表情のようでもあった。それを見てやりきれない気持ちになった。明日の面会はくることができるのだろうか？　元気な顔を見られるといいのだが……。

　さて裁判の内容の方は、妥当というところか。

　被告人質問は、毎日ただこの日のためだけに時間を使ってきたのに、ずいぶんアッサリ終わってしまった感じがする。時間の都合のためか質問事項も短くなって、されていない質問も多くあったが、もしかして弁護人の作戦か何かだったのかもしれないといまになって思う。

　反対尋問も大したことのない質問で、これでいいのか？　と、逆に心配になるほどアッサリ終わってしまった。弁護人が以前に話してくれたのだが、反対尋問で多く質問するということは、それだけ検察側にとって不利になることがあるという意味にもなるので、検察官の最大の攻撃は何も質問をしないということのよう。

　お袋の証人尋問はヒドイ内容だった。ヒドイというのは検察官の反対尋問だ。ＴやＨのことまで引っ張り出してきて質問されていた。そんなこと関係ないじゃないかと思って聞いていたが、検察官の目がお袋を冷ややかに見ていたので、そんな目で見なくてもいいだろと怒りたくもなっていた。

裁判長に注意されたときも、裁判長の目は少し冷たい目をしていたし、訊問が終わったときも、なんだか素っ気ない態度だった。その後の休憩のときに疲れたようなお袋を見たから余計に辛く感じたのかもしれない。

とりあえず明日面会にくるかどうかわからないけど、きたら大丈夫だったか聞いてみようと思う。

今日は裁判所から帰ってきてから、シスターWに手紙を書いた（明日発信）。

来信

シスターWからの手紙

2010年10月20日

前略

お手紙ありがとうございました。

十九日の朝刊にあなたたちの事がのっていましたので、控訴審があったことを知りました。

本当にあなたも、お母様も辛かったですね。お手紙を拝見しながら私も胸が痛みました。

特にあなたも書いているように、お母様の事を思うとどんなに辛かったことでしょう。

あなたの御兄弟も辛い人生を歩まれたのですね。

しかし、これから、今をどのように生きるかが大切だと思いますので、しっかり正しい道を歩んでくださる事を心から願っております。

次は十二月三日なのですね。

あなたが考えたように、思うように、心に浮かぶことをやってみられたら良いと思います。

私はあなたが心から悔やみ、後悔していることが伝わってきます。諦めずにあやまり続け、又、被害者のお母様の心が少しでもいやされますように念じ続けて下さい。いつの日か偉大な愛する神の力がかならず働かれる時がきます。

来週の月曜日、面会に行きますが、もしどなたかと会う約束があれば断ってくれても問題ないですからね。

寒くなってきます。お体を大切になさって下さいね。祈っています。

堀慶末様
十月二十日
シスターW

来信

シスターWからの手紙

消印・2010年11月13日

十二月三日（最終弁論）は長兄が同行することになったのですが、長兄の予定も不確かなものでしたので、私は悩んだ末に、シスターWに手紙を書いて、同行のお願いをしました。

その返信がこの手紙でした。

†主の平和

堀さんお手紙ありがとうございました。

寒くなりましたが頑張っておられる御様子、心から応援しています。

あなたのお母様も頑張っていますね。私の力など微力ですが、少しでもお役に立てば嬉しく思います。どうぞ必要な時にはお手紙でも、お電話でも、いつでもどうぞとお伝えくださいね。

あなたからお願いされた十二月三日の件ですが、ちょうど同じ日にぬけられない他の用事がありあります。お役に立てず残念に思います。

御兄弟のどなたかが同行してくれると良いですね。お母様お一人では心細いと思います。

あなたは拘置所の内でも裁判の中でも、とても悔い改めておられる姿が見られます。裁判官がそれを汲み取ってくださるように祈っております。

被害者のお母様とは時間がかかると思いますが、誠意を尽くして下さいね。
あなたとお母様、御兄弟のために祈っております。
又、面会に行きます。
堀慶末様
十一月十二日
シスターW

手紙に書いてあるとおり、シスターWは予定が詰まっていました。
それでどうなったかというと、それは十二月三日の日記に記してありましたので、その日記の内容を記載することにいたします。

私の日記から

控訴審結審

2010年12月3日

十二月三日（金）
今日は一日中、忙しかった。
午後から裁判なので、午前中に入浴。入浴から戻ってきたら、次は一年に一度の健康診断。
健康診断が終わり戻ってきたら、ちょうど兄貴が面会にきたところだった。

けっきょく兄貴も今日は同行してくれることになっていた。

裁判の前に兄貴はわざわざ面会にきてくれた。お袋とは別に弁護人の事務所で待ち合わせたようだ。一応、兄貴はお袋に今日の面会のことを話したようだが、お袋が面会に来れなかったのは、おばあさんのことなどで忙しかったためだろう。

さて、そして裁判だが、予想外のことが起きた。

弁護人の最終弁論のあと、当然に自分が何か最後に話す場があると思っていたので、ある程度の言葉を考え、土下座することを数日前に決めていた。ダラダラ話しても仕方ないし、やっぱり行動した方が伝わりやすいかもしれない。何よりも自分が御遺族の前で発言できることはもうないのだから、話すより土下座だろう。ウソいつわりない土下座。そう考えていた。

ところが、検察、川口の弁護人、私の弁護人の順で弁論などを終えたら、突然、裁判長が次回の言い渡し（判決）の日程を調整しはじめた。

「言い渡しは三月二十五日。検察官、弁護人、それぞれいいですか？」

裁判長は断定的にいった。

それを聞いて、私の主任弁護人が裁判長に、最後に被告が一言いう場は？　と聞いたら、裁判長はキッパリいった。

「控訴審でそういうことはしません」

もうどうしようもない。

そして裁判長は、三月二十五日でいいですか？と続けた。

私の弁護人の一人が都合が悪いといったのだが、裁判長は、あとの二人は大丈夫なんでしょ」

と訊いてきた。

裁判長の口調は、もう三月二十五日しかダメだというような話し方だった。

けっきょく三月二十五日が控訴審判決の日に決まったわけだ。

もう何も変わらない。

三月二十五日が判決だ。


補足ですが、日記のなかに書いてある三月二十五日の判決公判は、平成二十三年三月十一日、あの東日本大震災があった日に裁判所から書類が届き、日程が四月十二日に変更となりました。

平成二十三年三月十一日、東日本大震災が発生したとき、私はあまりにもすごい揺れが長く続いたので、本気でこのまま建物が崩壊するのではないかと思いました。まさか東北地方であんな事態になっているとは少しも考えていません。

途轍もなく悲惨な事態になっていると知ったのは、夕方からのラジオ放送が流れてからのことでした。

しかしそれでも、映像が見られないために、何が起こっているのか漠然としかわからず、たとえば外国で起こっている戦争をテレビで見たときのような、たとえば——それこそどこかの外国で起きた巨大地震をテレビで見たときのような、なんとなくすごいことになっているなと思う程度でした。

それが信じられないほど規模の大きな震災だと実感したのは、三兄からの手紙を読んでからのことでした。

ちなみに名古屋は震度4でした。

そして震災のあった日、既述のように裁判所から書類が届き、控訴審判決公判の日程が三月二十五日から四月十二日に変更されました。

私の日記から

控訴審で無期懲役判決に

2011(平成23)年4月12日

四月十二日の裁判で原判決は破棄され、私は無期懲役の判決を受けました。そのときのことは、正直なところ忘れかけていますが、当日の日記はしっかり存在し、その日記によって思い出した気持もあります。ここからはその日記をご覧ください。

四月十二日(火)晴
現在、昼食を食べたところ。

午後三時から判決公判なので、その前に何か書いておくべきだと思いいまに至る。

今の気持は……よくわからない。

とりあえずいまは何もする気力がない。ただ、食事ができるということはマシなのだと思う。

一審のときは確か食事ものどを通らなかった覚えがある。

昼から兄貴が面会にくる予定だが、拘置所を出る時間までにくることができるのだろうか？　それともこないのだろうか？　確か先日の面会時（親父ときた日）に、判決のときにくるようなことをいっていた気がするのだけど……。

どっちにしても、法廷にはいるはずだ。

さて、帰ってきてからこの続きが書けるだろうか。今は、まったくわからないが、どちらにしても複雑な心境にはなるのだろうと思う。


判決後。

よく分からない。

拘置所の職員の人たちは、みんな「良かったな」といってくれたが、正直なところ心のどこかで死刑を望んでいたのではないかと思っている。そのほうが気持が楽だったかもしれない。

兄貴はけっきょく面会にはこなかった。法廷にはいたが。

明日はお袋がくる。

弁護人の三人もくる。

だけど、とても気持が複雑な分、どうも合わせる顔がないような気もする。

胸の内が変で、夕食は汁物だけもらった。

来信

シスターWからの手紙

消印・2011年4月19日

堀様お手紙ありがとうございました。

あなたのお手紙を拝見しながら、どこへも持っていきようもないお気持ちを受け取っています。

先日の新聞の記事を読んだ時、裁判官たちの判断の正しさを感じました。

あなたがそれほどまでに今回の判決をよろこびもせず、むしろ苦しみに受け取っているのは、回心、後悔、又、被害者のお母様に対する詫びの心の強さの表われだと私は感じています。

今まず、これという答えは出ないでしょう。今の心の動きをしっかりと見つめつつ、命の尊うとさ、又、生きるということの意味を探してください。

私はあなたにキリスト教に入れとは決して言いませんし、キリストを信じなさいとも言いませんが、もしあなたの気持ちが動くようであれば聖書を読んでみて下さい。聖書の中にあなたへの答えがあるかも知れません。

急いで答えを見つける必要はないのですよ。ただ今、生きていることだけを考えてみて下さい。

私もあなたも、人間にはかならず百パーセント死の時が訪れます。

しかし私は思うのです。

被害者のお母様の怒りによって三人の人の命が法によって失なわれてはいけないと。

逆説的ですが、被害者のお母様のためにも、あなたたちは生きなければいけないと思うのです。今のあなたに寄り添ってあげたいのに、私はこの四月一日より異動となり、名古屋を離れています。名古屋の修道院は閉院になります。

他の修道院はまだ多くありますし、シスター方もいます。私が異動する時、あなたにお会いして他のシスターを紹介したかったのですが、本当にあなたに合うシスターを紹介したかったので、今考え中です。五月十七日にもう一度荷物出しのために行きますので、もしその時に時間があればお会いしたいです。あなたが他のシスターの面会を望むようであればお知らせ下さい。あなたのお気持ちを受けとめてくれる良いシスターを紹介します。

ごめんなさい。私が何処へ異動になったのか書いていませんでしたね。

山形です。こんど働く所は新庄市で、とても雪の多い所です。今でも軒下は二m位の雪が残っています。

今日は四月十九日、雪まじりの雨が降っています。寒い所です。

体は遠い所に離れてしまいましたが、縁あってお知り合いになりました、あなたの事は決して忘れる事はありません。だからあなたを応援しています。

そしてあなたのお母様のことも心にとめています。

では、お互いに元気を出して生きるという意味を探してみませんか？

私の心が届きますようにと祈りながら。

堀慶末様　　シスターW

二〇一一年四月十九日

来信

シスターWからの手紙

消印・2011年4月30日

お手紙ありがとうございました。

堀さんが問題と向き合い真剣に生きようとされている事、私にも共に考えさせて下さいね。

命は神秘です。

神秘というのは、人知では計り知れないということです。

私たちは命があるから生きている。では、私が死んだら、私はどうなるのでしょうか。私は無くなるのでしょうか。私の全てが無くなるのであれば、お母さんのお腹の中で亡くなる子供たちや、生まれてすぐ亡くなる子、この震災で亡くなった一万五千人近い人たちは本当に気の毒な事だと思います。

しかし私は思うのです。

私の肉体は亡くなっていくけれども、肉体の内にある私そのものはなくならないのではないかと。それは次の世、私たちの肉体の目では見えない世に入っていくのではないかと。俗に言う天国です。何年、神に仕える道を歩んでいても、この件に対しては未知であり神秘です。

これからあなたがどの様な生活に入っていかれるのか私には分かりませんが、時間があるかぎり多くの良い本を読んで下さい。

中でも聖書は世界でトップのベストセラーです。

聖書という本は、他の本の様に初めから読んでも良いのですが、そのような読み方をしていれば難かしくて分からなくなってきますので、初めはぱっと開いた所にどんな事が書いてあるのかをパッパッと開いて読んでみられたら良いと思いますよ。

聖書をお持ちですか？　必要であれば送りますのでお知らせ下さいね。

これから、あなたのお手紙にあったように、もし刑が決まれば関わっていくことは出来なくなるかも知れませんが、縁あってお知りあいになりました。これからも、お母様やお兄様を通して何かの方法で関わらせて頂けたらと思います。

聖書の中でイエスは言われます。「重荷をおう者、疲れている者は、わたしのもとに来なさい。休ませてあげよう」……と。

ゆっくり足を地につけてこの時を大切にしながら、置かれた場でなすべき事を丁寧にやっていきましょうね。

私は今、新庄というまだ雪があちこちに積みあげられている中で、あなたにお手紙を書いています。明日は新潟地区の責任者の司教様がきてのお祈りですので、多くの方が集まって来ます。今日はその準備ですので忙しくなります。

今手紙を書いている部屋には大きなガラスまどがあり、外にはすぐ近くに大きな桜の木が四本見えますが、まだ蕾はかたく、まだまだ咲きそうにはありません。これが咲くと、とてもきれいだと思います。あなたにも見せてあげたいです。

これを書きながらひとつの映画を思い出しました。

「ショーシャンクの空に」という映画で、自分の妻殺しの無実の罪で捕えられ、刑務所の中で生活し、時々懲罰を受けて小さな暗い部屋に入れられるのですが、その人は、「自分はその中に入っても淋しくない」……と言うのです。なぜなら、自分の心の中に素晴しい音楽や風景を持っているからだと……。

いいですね。あなたの中にもきっとこういうものがあると思います。

では今日はこの辺にします。

お元気でね。

思いを込めて……。

堀様へ

シスターW

発信・シスターWへ

失ったもの、得たもの

消印・2011年5月

ここからは、このシスターWの手紙を読んで書いた私の手紙です。

これは下書きであり、実際に発信した手紙の内容と若干異なる可能性があることを、あらかじめお断わりいたします。

先月まで名古屋は肌寒く感じる日が多く、Tシャツの上にトレーナーを着て過ごしていましたが、五月に入ってから暖かい日が続くようになり、やっと薄い長袖Tシャツ一枚で過ごせるようになりました。

私の居室からわずかに見える幼稚園の桜はすっかり葉桜になり、新しい季節の到来を感じています。

昨年の十二月から居室が上階に移ったことに伴い、屋上の運動場を使わせていただいているのですが、屋上の運動場からは名古屋の街が一望できるので、いまでは運動に出ることが少ない楽しみのひとつになっています。

名城公園の見事な桜も見ることができましたが、控訴審判決前のことでしたので心に余裕がなく、残念ながらせっかくのキレイな桜を心から楽しむことはできませんでした。

「相田みつを」さんの言葉に、「美しいものを美しいと思える、そのあなたの心が美しい」という言葉がありますが、罪と向き合いながらそんな柔軟で素直な心を持てるようになれればいいなと、シスターのお手紙を読ませていただきながら考えておりました。

新庄はとても寒い土地のようですね。四本の桜が満開になるのは、まだ先のことなのでしょうか。大きなガラス窓の外で、さんさんと輝く陽の光を受けて咲く満開の桜は素晴らしく見応えがありそうで、想像するだけで心が洗われる感じがします。

最近私は屋上の運動場へ出ると、しばらく空を眺めています。屋上から周りを眺めると、視界の下部は建物がひしめき合って建ち並び、少し息苦しさを感じますが、上部は晴れていて雲がないと、水色の絵の具を水で薄めたような淡いキレイな空が目に映ります。視界の上下のこのギャップが、私はいまとても気に入っています。

人工物で埋め尽くされた街と、人工物がまったくない空、地上から見あげる空とは違う空が少しだけ私の心を支えてくれています。

空はいいですね。どこまでも続いている空、何もない広い空。世間とは切り離されているけど、同じ空の下に家族や友人、シスターもいるんだと思うと、とても心の支えになります。

そして最近になって気づきました。

空というのは一瞬一瞬で違い、同じ空というのはないんだということを。

明るさが違ったり、雲があったりなかったり、雲の形が違ったり、天候によっていろんな空があって、まったく同じ空というのはなく、一瞬一瞬違う空というのは、なんだか人生と同じような感じがします。

空を眺めるのはとても素晴らしいことなんだと思います。その瞬間を生き、刻々と姿を消してしまう空。二度と同じ空を見ることはできません。空って人生みたいなものじゃないかと、つくづく思います。

世間で生きていたときと違って、人生に対する思いも変わってきました。こんなふうに空を見るようになったのは、いまの環境が大きく関わっているのだとは思いますが、それだけではないような気もいたします。

五月八日は母の日ということで、日頃の感謝を込めて手紙を書き、そのなかでも書いたことなのですが、私が犯した過ちで多くの方々が大切なものを失いました。私も、母親から分けてもらった命でたくさんのものを失いました。

そもそも私が犯した過ちですので、このようないい方はどうかとも思いますが、被害者側の方々、そして加害者である私も、失ったものの大小はありますが、失ったものの分だけ得たものもあるのではないかという気がしております。勝手な言葉だと思いますが、私が奪ってしまったもの、被害者の方が犠牲にしたものには否定的な意味合いしかないのかというと、決してそうではないような気がします。

御遺族の方のお気持ちはとてもよく分かりますが、被害者の方の犠牲を無駄にしないということについて深く考えていくと、人の尊厳を傷つけてもいいと少しでも思ってしまった自分自身を変えていくことが、まず第一歩の、償いにつながる行ないであって、そこで私が得るものは被害者の方が与えてくださったものになるのだと思います。そういう行ないの先に、本当の償いのかたちがあるのではないかと思いますし、それを信じていくしかないと思っています。

しかし全て根本には被害者の方が犠牲にした生命という、途轍もなく大きなものがあります。私が母や兄たちに手紙を書けるようになったことにも、シスターと出会えたことにも、全てに被害者の方の命が大きく関わっています。そういう意味で、否定的な意味合いしかないとはいえないのではないかと思うのです。

御遺族の方々が失ったものは、私が失ったものとは比較にならないほど大きいですが、しかし得たものは悲しみや苦しみだけではなく、ほかに必ずあるような気がします。無責任なようですが、そう信じたいです。

全てを肯定的に（良い意味にという意味で）考えることはできませんが、全てを否定的に捉えるということは逆に被害者の方が犠牲にしたものを無駄にするだけではないかと思います。

さて、シスターのお手紙に聖書のことが書いてありましたが、書店にあるものなのかどうかということもわからず、どのように入手しようかと考えていたところでした。不躾なお願いで恐縮ですが、ご迷惑でなければ送っていただけると大変助かります。

私の刑が確定するまで二年くらいはかかるのではないかと、弁護人の方々はいっておりました。それまでのあいだはもちろん、確定してからも外部の家族を通じて、できるかぎりシスターと交流させていただけたらと考えておりますので、よろしくお願い致します。

それでは、まだそちらは寒いようですが、どうかお体を大切になさってください。

以上が四月三十日の手紙を読んでシスターWに送った手紙の内容ですが、この下書きのなかに出てきた「母の日に書いた手紙」の下書きもありましたので、シスターWの手紙とは関係ありませんが、当時の私がどういうことを考えていたかという参考程度になればと思いますので、続けてご覧ください。

発信・母へ

母の日に

消印・2011年5月

母の日ということで、こんな手紙しか書けないけれども、日頃の感謝と私を産んで育ててもらえたという思いを込めて「ありがとう」の言葉を送ります。

三十六年間生きてきて、一体どのくらいお袋と一緒にいたのかわからないけれども、少なくとも兄弟五人全員が平等にお袋のお腹のなかで育って生まれたということは確かなことで、そのありがたみを現在ひしひしと感じています。

自分の人生をふり返ってみると、お袋には本当に迷惑ばかりかけていて、何ひとつとして親孝行というものをしていないと思います。

私が香澄と結婚してからS（次男）が生まれるまでのあいだが、私にとっては一番平穏な時期で、そのなかでK（長男）とSが生まれてきてくれたことが唯一の親孝行だったのでしょうか。そんな幸せに気づかなかった自分が、本当に情けないなと思いながら現在を過ごし、かけがえのない親の存在を噛みしめています。

この気持に気づくまで長い年月がかかってしまいました。そのあいだに取り返しのつかないこともしてしまいました。こんなふうにならないといろんなことに気づけない自分がほんとに嫌になります。

しかし他方でこんなことも思っています。

自分のせいで周りの人が失ったもの、自分が失ったものは途轍もなく大きいけれども、失った分だけ得たものも大きいのではないのかと……。

人生を犠牲にしてしまったけれども、その代わり、気づけなかったことに気づくことができました。

お袋にもらった命、人生を無駄にしてしまって、そういう意味では親不孝だと思うけれども、その代わりに手に入れたものはとても大きなものです。とても大切なものを手に入れたと思います。取り返しのつかないことで人に迷惑をかけてしまい、そういう意味では、こんな自分が生まれなければと思わなくもないけど、いまさらそんなことをいっても仕方ないというのが正直な気持ちです。

人として生まれた自分が、人として気づかなければいけないことを、人生を犠牲にしてやっと手に入れられました。こうしてお袋に手紙を書けるようになったこともそのうちのひとつで、とても大きなことなんだと思います。被害者の方や、残された御遺族の方のことを思うと申しわけなく感じるけども、事件を起こしてこういう施設で生活しながらでも大切なことに気づけたりできたので、今の人生を不満には思いません。決して良い人生とはいえないけども、最低な人生とは思いません。

だから思います。

迷惑ばかりかけているけど、産んでくれてありがとう、と。

来信

シスターWからの手紙

消印・2011年5月11日

堀慶末様
お元気な御様子、嬉しく思います。

新庄はやっと教会の周りの雪もとけ、本格的な春の季節を迎えています。田や畑には農家の人たちの働く姿が見え活気付いています。

長い冬を土の中で過ごした草花は、まるで目に見える程の勢いで伸びていきます。自然の厳しさと美しさに感動しますね。

窓から見える桜もみごとですよ……と言いたいのですが、大きな木に花がちらほらと咲いている程度です。満開は来週頃ですかと聞いてみると、今年は例年になく豪雪だったために、鳥が花芽をついばんで花が少ないのだそうです。

そう言えば、あちらこちらでこのような木を見かけました。とても残念でしたが、鳥たちも厳しい冬を生きのびるために必死だったのでしょう。来週はきっと新緑が私の目と心を楽しませてくれる事でしょう。

あなたは今、屋上で運動をしているのですね。良かったです。外の空気を吸い空を仰ぐことが出来る。

あなたの見ている空と私の見ている空はつながっています。しかし、私たちに見えているのは、ほんの少し、果てしない宇宙を考えると、自分の小ささを知り、又、この小さな私があなたの幸、あなたの彼女や子供たち、又、お母様や御兄弟、周りの人や遠くに居る人、知っている人や知らない人たちに心を馳せればなにか不思議なつながりを感じ、拡がりをも感じます。

昨日、聖書を送りました。先日も書いたように、聖書は不思議な本です。人間の生き方が書かれています。普通の本のように読んでいくと、とても難しいのでパラパラとめくり、自分の目に止った所を読んでみて下さい。

聖書の初めの方は旧約と言って、イエス・キリストが生まれるまでのイスラエルの歴史のような事が書かれています。

新約はイエス・キリストがこの世に誕生するところから始まります。全体の四分の三が旧約で、四分の一くらいがこの新約です。

聖書は一生読み続ける本なので、ゆっくり読んでみて下さい。

後先になりましたが、先日お手紙に御自分の事を書いて下さってありがとうございました。いろいろあったのですね。

しかしもうその時を取りもどすことは出来ない。本当に残念に思いますよね。どんな事をしても過ぎた時間と命は取りもどすことが出来ない。

しかし私たちはこの時間でした体験と経験が自分の中に残っています。この体験と経験を無駄にすることなく生きることによって、より豊かに生きることが出来るのではないでしょうか。

私はあなたに、その狭い部屋、狭い空間であっても、心を大きく豊かになって欲しいと願っています。罪を犯した人間なので、心豊かになってはいけないなどと考えないで下さいね。心が豊かになれば、今、見えていない事が見えるようになり、今、感じる事の出来ない事を感じ取れるようになると私は思っています。そして心の豊かさに比例して謙虚にもなれるのではないでしょうか。

祈っています。

追伸
心を豊かにするために、ひとつ本を送ります。私の大好きなトルストイの本です。聖書とは別便で送ります。
これは私の大切な本なので、あなたが十分読み味わったら返送して下さい。
写真は聖書の中にはさんでくだされば嬉しいです。しおりとして。

シスターW

シスターが送ってくださったトルストイの本は、そんなに難しい本ではなくて、当時の私でも読めた民話集のようなものでした。日本でいう「昔ばなし」みたいな感じです。

当時の読書メモのようなものが手元にあり、それによれば、「人は何によって生きているか」などの話が収録されていて、とてもためになり有益な本だったということです。

シスターWの手紙の最後にある写真というのは、普通の写真を縦十二センチ、横二・五センチに切り取ったシスターWの全身が写っている写真で、上部にはパンチで穴があけてあり、そこに黄色いひもが通してあります。

シスターWの背後にはクリスマスツリーがあり、その写真（しおり）を見ると、いつでもシスターがにっこり笑って優しいまなざしを向けてくれるのです。

来信

シスターWからの手紙

消印・2011年5月27日

堀様、聖書とトルストイの本、喜んで頂けて嬉しく思います。トルストイの本は、どの本も私は大好きです。引っ越ししたばかりで、今はどこに入っているか分からないので、見つけたら又送ります。

でもそんなに急いで返送しなくても大丈夫ですよ。ゆっくり読んで味わってくだされぱいいです。

聖書って素晴しいでしょう。本当に貴方が書いていたように、その時、その人に必要なことばが与えられているのです。

初めから読みはじめられたのですね。旧約はイスラエルの歴史ですが、これは人間の歴史のようなものだと私は思っています。

私はシスターとして生きていますが無学な者ですし、神学も勉強していませんので何もわからないのですが、聖書は不思議なものです。私が悩み苦しみもがく時、そこになぐさめ、励まし、勧め、愛を見つける事が多々あります。

私はあなたにキリスト教に入りなさいと勧めるつもりはありません。聖書を勧めたのは、あなたが真面目に生きるとは？　命とは？　を探している方だと思ったからです。

聖書は、道、命、真理が書かれているものなので、この聖書を通してそれらを見つけられたらいいなあと思い勧めたものですので、自分はキリスト教でもないし、イエスを信じている者でもないのに、自分の都合のよいように利用しているのではないかなどと思う必要はありません。聖書を通して本当の道、本当の命、本当の真理を探し求めて下さい。

しかし日々の生活の中で真面目すぎないように、全ては真面目、正直……過ぎないように。いたずらも過ぎなければ楽しいものです。

時間のある時にマタイ十一章二十五節〜、マタイ九章十二節から十三節を読んでみて下さい。

近い内に本をひとつ送ります。楽しみにね。

先日の手紙に桜の花芽を鳥に食べられて花が少ないことを書きましたが、あれから一週間後に新庄に来て見ると、桜の木の上の方は新緑、一番下の枝には満開の花が沢山咲いているのです。どうしてここだけこんなに沢山の花がついているのだろうかと考えました。

そうです。

冬の間、雪にうもれていた枝です。あの寒いカチカチの雪に閉じ込められた枝だけが鳥から守られ、一週間遅れで満開の花を咲かせたのです。

自然は厳しいけれど、それぞれの役割をしっかり果たしていますね。

では今日はこの辺で。又ね。

シスターW

堀慶末様

シスターWが新たに送ってくださった本は渡辺和子さんの『信じる愛を持っていますか』とい

う本でした。

この本には本当に多くのことを学ばせてもらい、シスターWには感謝していました。

当時の読書メモには、六ページ分もぎっしりと文字が書いてあります。その一部分を抜粋いたしますと、たとえば「寂しさを、これ見よがしに見せたり話したりする人であってはいけない。人の心が励まされ、なぐさめられるのは生来の陽気さ、明るさではなく、ちょうど、あの、いつ果てるとも分からないトンネルをようやく汽車が出たときの、あの明るさ、暗さを知った明るさによってなのです。そして、その明るさは、苦しさ、寂しさの澱を飲み干した人のみが持つもの」とか、たとえば、「人は淋しさの中で成長する。淋しさを感じない時には気づかなかった自己の無力さと限界を知り、他人と自分の間に横たわる必然的な距離について考察するようになる。淋しさの苦杯をなめて、初めて、他人もまた味わっている孤独への優しいいたわりの心を育てることができるのだ。Loneliness is for loving（淋しさは、愛するためにある）という言葉が心にしみる」とか、心に残った文章がメモとして書いてあります。

この本を読んで渡辺和子さんのことを知り、それから何冊か渡辺さんの本を読みました。そういう本や言葉に出会えたこともまた、シスターWのおかげなんだと感謝しています。

シスターWの手紙のなかにある聖書のことですが（マタイ九章十二節～十三節、マタイ十一章二十五節～）、もし皆さんが興味があれば、ぜひ聖書を手にとって広げてみてください。

来信

シスターWからの手紙

消印・2011年7月30日

堀様、毎日暑い日が続きますね。

お元気ですか。

私も元気に過ごしております。

今、新庄の部屋でお手紙を書いています。大きな窓の外には緑が広がっており、鳥や虫の鳴声が聞こえています。

春になった時、一本枯れたような大きな木があり、老木なのでもうダメなのかなと見ていると、周りの木よりも遅く芽をつけ、きれいな葉が出てきていました。それは栗の木でした。

先日まで細長い花をゆらゆらさせていましたが、今よく見ると二センチくらいの実が沢山ついています。すごいことですね。自然は与えられた使命を黙々と果たしています。

それにくらべて私は毎日何をしているのだろうかと考えさせられます。一日はアッと言う間に過ぎ、一週間一ヶ月もドンドン過ぎていきます……と、否定的なことはやめて、ところで堀さんの本の読み方はすごいですね。ドンドン吸収し、御自分のものとされている。とても良い読み方をしていると思います。

私の部屋には沢山の本があります。名古屋から持ってきた本です。渡辺和子さんの本もまだ他にありますが、あの一冊を読めば充分だろうと思います。彼女は小さい頃、目の前で父親が殺されました。シスターになって何年目かは忘れましたが、かなりお年をめしてから、お父様を殺した方とお会いしています。その時、確か「もうその方を許していると思っていたけれど、本当は許していなかったことが、その時わかりました」……と、このような事を話されていた記憶がありますす。許すことの難しさ、許されることの難しさを感じます。

このシスターは今もお元気で活躍されていますよ。

ところでこのお手紙は、一ページ目は一週間前に書いたもので、二ページ目は七月三十日に書いています。私の家族の中で少し心配ごとがあり、どうしたら良いのかと悩んでおりました。しかし悩んでも解決には至らず、信じて待つこと、忍耐を学ばされています。

今、窓の外を見ると、二センチと書いた栗が四、五センチくらいの大きさになっています。ふと思いついて写真をとり、パソコン入力をして印刷したので送ります。あなたの手元に届くかなあー。

今日はこの辺にします。

暑さはますます厳しくなります。どうぞお体に気をつけてね。

お母様が面会にこられた時に宜しくお伝え下さい。

思い出しお祈りしています。

堀様

シスターW

シスターの手紙のなかには、プリントアウトした紙片が二枚入っていました。五センチ×七センチくらいの紙片で、一枚には部屋の大きな窓から栗の木を撮ったものが、もう一枚には、その栗の木の実をアップで撮ったものが写っています。

栗の実は四、五センチくらいのものが三つ。

まだ、きれいな黄みどり色をしていて、見ているだけで山あいのさわやかな夏を感じます。

来信

シスターWからの手紙

2011年8月12日

堀さんお元気ですか。

ここ新庄も名古屋に負けないくらい暑いですよ。

外ではセミの大合唱。心を静かにし耳を澄せると、一匹一匹の鳴声の違いがわかります。今日は教会の周りの補強工事が入っており、重機の音も聞こえています。

先日の堀さんのお手紙を拝見しながらあなたの真面目さ優しさを感じました。それにあなたの子供さんも良い御子さんですね。嬉しく思います。

もうひとつあなたのお手紙を読みながら感じた事は、真実のこととあなたの考えや思いの中で、悩んでいる事があるということ。確かに今、育ててくれているお父さんにとって面白くないかも知れない……しかし、かも知れないと言うことであって、そうでないかも知れない。悩みは自分の中に置いておけばドンドン大きくなっていきます。何事に対しても恐れずに真実を確かめる事だと思います。

今あなたが生かされているのは楽しむためではなく感謝するためではなかろうか……と、私は思うのです。

あなたが殺めた彼女のお母様が署名を集め、必死で娘の怨みを晴らそうとしている。お母様には今、その思いがあるので生きていけているのだと思います。お母様がそう思うのはあたり前。神様はそのお母様をも支え守ってくださっています。

神に感謝し、毎朝「今日も一日、彼女のお母様を支え守って下さい」と祈り、晩の祈りの中では「一日の支え守りをありがとうございました」……と祈り続ける事、これが償いではないかと思います。

あなたが父親であるなら、その責任を果さなければいけない。自分の要求を求めるのではなく、子供たちの要求を満たしてあげて下さいね。

育ての親のことが気になるのであれば、自分の気持を正直にその方にお手紙を書いて確かめたらよいと思います。

これからも暑さ厳しい日が続くことでしょう。お体に気をつけて。

あなたの事を思って祈る時、あなたにつながっている人々のためにも祈ります。

シスターW

堀慶末様

私がシスターにどういう手紙を書いたのかあまり記憶がないのですが、ちょうどこのころから子供たちに直接手紙を送れるようになり、元妻である香澄の再婚相手の方が許可してくれたことはいえ、子供たちの継父《ままちち》にしてみたら、わたしの存在は面白くないのではないかとか、決して気分のいいことではないかもしれないとか、いろいろと相手方のことを考えてしまい、やはりそれまでどおり私の母親経由で子供たちに手紙を渡したほうがいいのかもしれないと悩んでいた時期でもあったので、たぶんそのことをシスターに相談したんだと思います。

来信

シスターWからの手紙

消印・2011年9月30日

堀様、御無沙汰いたしている間にすっかり秋になり、私の部屋の窓から見える栗の木からは沢山栗の実が落ちてきます。いろいろな事があっても自然や時間は止ることなく過ぎていきますね。その後お元気ですか。あれから息子さんとは如何ですか。

どうぞ息子さんの心を大切にして下さいね。本当に良い息子さんなのですね。

それに優しさをあなたのお手紙から感じました。それは本来あなたが持っている姿だと思います。この姿が何処に居てもあなたの内から輝き出ますようにと願っています。

そして、持っていると言うことは、頂いたものです。頂いたものは、お返しをしていかなければいけません。

誰にですか。

出会う人々にです。

キリストは言われます。「このもっとも小さな者にした事は私にしたのである」……と。

聖書は読み進んでいますか。

私は今、「読む」と書きましたが、本当は「聴く」です。

なぜですか。

聖書を聞いた時、そこで語ってくれるのはキリストです。その時キリストはあなたに語っているのです。

良い耳（心）を持って聴けば、あなたが頂いているものがもっと輝き出すと私は思いますよ。

あなたに祈って頂きたいことがあります。

私たちの会は来日五十一年目を迎え、新たな一歩を踏み出すために会員全員が集まり、大きな会議が開かれます。

私たちが神の御心を聴き取り、神の御旨を歩めますように……。又、十一月二日に私は保育所の先生方にクリスマスについてお話しを頼まれました。

どうぞこれらの中で神様の霊が力強く働いてくださいますように、お祈りをお願いします。

私も、あなたとあなたの御家族のためにお祈りしています。

これから寒くなっていきます。風邪をひかないように。

お元気で……。

シスターW

堀慶末様

来信

シスターWからの手紙

消印・2011年12月10日

お手紙ありがとうございました。

被害者のお母様のホームページを見られたとの事、さぞかし心が痛んだことだろうと思います。

私は見たことはありませんが、裁判の時の被害者のお母様の訴えや、その後の記者会見などを聞けば、ある程度どのようなことが書かれているかは想像出来ます。

あなたのお手紙を拝見しながら、神様は何を伝えたいのだろうかと考えました。神様のお考えが私に分かるはずはないのですが、どこまでも謙遜であること、罪深い自分を忘れないこと。

私も罪深い者です。自分の過ちによって人の人生をこれ程までに狂わせてしまったことを神の前で赦しを願い、全知全能なる神に御遺族のことを委ね、彼女の中の憎しみの塊が神の力によって少しでもやわらいでいくようにひたすら神に願う。

彼女の怒を人のことばや態度でやわらげてあげることは出来ないと私は思います。

御遺族の全てを受けとめなければとお考えになるあなたのお気持ち、私には分かるような気がいたします。

しかし、逆に考える方が御遺族にとってはいいような気が致します。御遺族の方の怒り苦しみ淋しさ恨みを自分がどんなに考えても理解出来るものではないのだと……。

堀さん、話は変わりますが、新庄は昨日から降り続いた雪で今朝は銀世界でした。三十センチくらい一晩で積ってしまい、初めて雪掻きをしました。今はペンを持っている手に痛みが出ています。無理をしないようにと思いながらも、雪掻きをしなければ外へも出られないし車も動かせません。楽しみにしていた雪なのですが、これはなかなか手強い相手です。

それでは、良いクリスマスと新年を迎えることが出来ますように。神様があなたを祝福し守り、恵みを与えて下さいますようにお祈り致します。

シスターW　新庄にて

堀慶末様

控訴審で減刑されたことを受けて、私の長男であるK（当時高校生）から手紙が届いたとき、私は泣かずにはいられませんでした（12月22日消印）。

嬉しかったというか、感動したというか、自分の子がこんなにも私のことを想ってくれていたのかと、たまりませんでした。

手紙のなかには私のことを「父さん」と書いてありますが、それまで面会したなかで父さんともパパとも呼ばれたことがなかったので、父親としてこんなに不自然な存在の私を父さんなんて呼んでくれたことに嬉しくもあり、申しわけなくもあり、もうただただ事件のことを後悔し、失ってしまったものの大きさを思い知らされていました。

そして、「死なてよかった」、「本当に生きていてよかった」、「父さんのこと好きだから」という言葉を見て、自分のような人間でも誰かの運命や人生の一部になるということに気づかされ、このとき、重大な二件の余罪について隠し通そうと決意しました。

それだけではありません。

途轍もなく重大な余罪が二件もあるとなれば、さすがに息子たちも距離を置くようになるのではないか、もう会いにきてくれなくなるのではないか、そんな恐怖心のようなものが湧いたことも、余罪を隠し通そうと決意した理由にありました。

残念ながらこの手紙を受け取ってから現在までKとは会えていません。もちろん息子とまた会えることを願っていますが、彼が無事でいてくれたらそれだけでいいという想いもあります。

いまそうやって心から願えるようになったのもKによるこの手紙のおかげですし、こうやって心から何かを願える人がいるということ、それがいまの私にとっての一番の幸せにもなっていいます。

発信・母へ

かけがえのないお袋へ

2012（平成24）年2月11日

この手紙は、私が母の誕生日に書いた手紙の下書きです。

お袋へ

お誕生日おめでとうございます。

私にできることは何もありませんが、せめて言葉だけでもと思い手紙にしました。

世間で生活していたときはあまり改まったことをいえず、もっと口に出しておけばよかったと後悔ばかりしているので、お袋の誕生日にこうして手紙を書けることが本当に幸せです。

世間で生活していたときの私は、自分が誰かのかけがえのない存在だということがわかりませんでした。誰かにあなたはかけがえのない存在だといわれればわかるかもしれませんが、そんなことをいってくれる人はなかなかいません。

たとえばお袋にとっての息子、KやSにとっての父親、それは私でしかないし、私でなければならない。そんな当たり前のことに気づきませんでした。だから自分の人生を勝手に無駄に過ごしていたのだと思います。

お袋が暑い日も寒い日もバスに乗って面会にきてくれるようになって、自分がお袋にとってかけがえのない存在なんだと、この歳になってやっと気づきました。お袋のおかげで自分がKやSにとってかけがえのない存在なんだと気づくことができました。

だからいま、思います。

みんなのためにも、おろそかに生きてはいけないと。

それと同じように、私にとってお袋も当然にかけがえのない存在です。お袋の歳になると、一つ歳を重ねることが嬉しいことではないかもしれませんが、お袋が私や兄たち、孫たちにとってかけがえのない存在だということを忘れずに、これからも一日一日を大切に生きて、来年の誕生日に元気なお袋へまた私が手紙を書けるようにしてください。

幸せなことばかりではなく、辛いこともあると思います。やり直しのきかない人生だから救われることもあるし、やり直しのきかない人生だからどうしようもないこともあります。

でも、そういう人生が普通なんだと思います。

また一年、頑張ってください。

発信・母へ

余罪発覚後

消印・2015（平成27）年12月9日

母の手紙が届いたのは、余罪で私が逮捕されてから三年以上が経ってからのことでした。じつはこの間、私はずっと接見禁止で、手紙のやり取りも禁止されていたのです。

公判前整理手続きがある程度進んでから、弁護人が接見禁止一部解除の申し立てを裁判所に何度か——正確には四回（平成二十五年十一月十一日、平成二十七年八月四日、同年十月五日、同年十月二十三日）で、四回目の平成二十七年十月二十三日の申し立てで、ようやく両親と四人の兄たちのみ一部解除となりました。一審の初公判がはじまる一週間前のことでした。

余罪が露見したからといって、当然に闇サイト事件で確定した刑が止まるわけでも、なくなるわけでもありません。数年間ずっと接見禁止のなかで受刑生活を送り、忍耐ということをひたすら学ばされていました。

会いたくても会えない苦しみ、手紙すら出すことができないつらさ、そして寂しさ、孤独、そういったことをほんとに痛感させられた数年間でもありました。

そうして接見禁止が解除となり、初めて面会にきてくれたのは長兄と母の二人でした。一審裁判員裁判がはじまり、母の証人尋問の日が訪れる数日前のことだったと記憶しています。

心のなかでは長兄や母に会えて嬉しい気持がありましたが、事件のことを考えると喜んではかりもいられず、かといって事件のことを話すという雰囲気でもなかったので、家族の近況を訊いて短い面会の時間は終わってしまいました。けっきょく事件について謝ってもいません。

その面会の数日後に母の手紙が届いたのです。

正直なところ、読むのには苦労します。何が書いてあるのか判読できない部分もあります。でもそれも仕方のないことで、母はこのときもうすぐ七十九歳、その歳でほとんど寝たきりの自分の母親の介護を一人でしていたのです。私のこともありますし、心も身体も疲れていて当然です。

ここからは、この母の手紙を読んでから書いた私の手紙の内容です。

これまでと同様に下書きであることをご了承ください。

さて、事件のことですが、まず誤解があってもいけないと思うので、事件の概要について少しだけ触れさせてください。

弁解や言い訳をするつもりはなく、事実として、人の命を奪おうと思って事件を起こしたわけではないということです。そんなつもりはありませんでした。

さすがに二人の子供の親の命を奪ってしまおうとは考えていません。

さらにいえば、奥さんについては私が現場にいないときに、二人の共犯者が勝手にやってしまったことです。私は関係がありません。

旦那さんのほうは揉み合っているうちに亡くなってしまったのです。

ただ、強盗を共犯者に持ちかけたのは私で、結果的にお二人の方が亡くなってしまったことは揺るぎない事実なので、それは重く受け止めています。

お袋が知りたいのはそういうことではなく、なぜ事件を起こすようなことになってしまったのかということだと思いますが、原因を考えてこなかったわけではありません。

しかし、これがこうだったからと簡単に説明できることでもありません。

さかのぼって考えると切りがないのですが、私がいま一番平穏だったと感じる時期は小学校の低学年ごろ（一年生～四年生）です。

まだ親父の実家で生活していたころですが、あのころは学校も楽しかったし、家での生活も、お袋は大変だったかもしれないけれども、私は順調でした。

人生のひとつの岐路となったのは、その後の転校です。

転校自体は大したことではありませんでしたが、転校によって少しだけ人生が変わってしまいました。

サッカー部のない中学校に入学しなければいけなくなったからです。

お袋を責めているわけではないので誤解しないでください。転校はやむをえないことだったと理解しているし、中学校に迷惑をかけて登校できなくなったのも私がいけなかったことです。ただ、サッカー部があれば……夢中になれるものがあれば、道は違っていたのかなと思います。もちろん、お袋がサッカーのクラブチームを探してくれたことはありがたかったけども、クラブチームのサッカーと学校の部活のサッカーは違って、私は学校のサッカーが好きでずっと続けていたのです。

私がわるいのですが、教師に「学校にくるな」といわれたことも、その後の人生を大きく変えたことだったと思います。

教師のせいにしてはいけないのですが、いま思うと、大人として、そして教師として、決していってはいけないことですし、そのことで、人として学ぶべきことを学ぶ機会を失ってしまったことは事実です。もちろん、学ぼうとしなかった私もわるいと思います。

普通の人は学校や家庭に守られながら育ち、そこから離れていくことが社会に出るということになると思うのですが、私の場合は違いました。それはお袋も知っているとおりです。

そういう私が十代で家庭を持ってしまいました。それも岐路のひとつだったと思いますが、本当にいけなかったのはここからです。

家庭を持った私の周りにはいつも誰かがいました。お袋はもちろん、香澄の両親、そして仕事関係では兄たち。

私は自分がいなくても香澄や息子たちが困らないと錯覚していた気がします。つまり、家族を養うという責任感があまりになさすぎました。もっといえば、夫として、あるいは父親としての自覚がなかったのです。そして、ついつい周りに甘えていたのだと思います。

これは当然といえば当然で、私は父親に育てられたという感覚がなく、父親というものを理解できていませんでした。結婚したとはいえ、父親の役を演じていただけなのだと思います。子供のママごとと一緒です。

その結果、簡単に浮気に走り、だらしない生活になりました。

逆にいえば、周りに気づかってくれる家族がいなかったら、頼る人がいないわけですから、香澄たちを自分が養っていかなければいけない責任を感じずにはいられなかったのだと思います。

これもお袋たちを責めているわけではなくて、そういう環境にあったから仕方ないのだし、甘えた私もわるいのです。

学校もろくに出ていない十代の私が結婚して周りの人に心配させてしまったこともいけないのだと思います。

そして、だらしのない生活が兄たちの会社名義で組んだ車のローンのことに及んで、Nに厳しく督促されたことが事件の直接の原因になりました。

その事件に至った経緯も簡単に説明できないけれども、確実にいえることは、犯罪の恐ろしさや不条理さを理解しきれていなかったことは確かです。それに、人を傷つけなければ犯罪をしてもいいと軽く考えてしまったこともあります。

このように、原因をさかのぼって考えると切りがありません。

しかし少なくともここに書いたような出来事があっていまの自分があるということは確かだと思います。

たぶん、事件とはこのように細かいことが積み重なって起こるのではないでしょうか。判決がどうなるのかわかりませんが、私が行なうべきことは判決によって変わるものではないので、重大な罪の責任を背負いながら、当然に行なうべきことを全力で行なっていこうと思っています。

今は確定した事件によって受刑者となって作業をしています。その作業で得たお金を、わずかずつですが貯めています。これまでに貯めたものは裁判がはじまる前に弁護士さんに渡して、被害弁償に充ててもらいましたが、いまのところ御遺族様に受け取ってもらえてません。

でも、これは自分が行なうべきことなので、これからもあきらめずに積み重ねていくつもりです。

とりあえず、どういう判決になっても私は大丈夫ですから心配せず、お祖母さんのことに専念してください。

これからますます寒くなりますので、くれぐれも風邪などを引かないようにしてください。

それではまた。

お元気で。

発信・次男へ　一通目

おばあちゃんのことを大切に

消印・2015年1月18日

私は余罪が露見するまで二人の息子たちと面会を重ねていたのですが、次男のSはひかえめで、決して自分から私に話しかけてくることはなく、いつも私の問いに首をふったり頷いたりするだけでした。もちろん、まったくの無表情ということはなく、私の話に笑ったりはしてくれていました。

しかし彼が自分から何も語ってくれないので、Sが何を考えていて、私のことをどう思っているのか、そういうことを想像はできても、本当の気持はわからないままでした。もっとも、Sが一歳か二歳のころに私は家を出て芳江と同棲していましたから、彼が私と一緒に生活していたことを覚えていないのは当然で、そんなSの気持を考えれば、私との面会で無口になるのも無理はありません。

私はSが自分自身のことを語ってくれるのを待ちました。いつか手紙でも書いてほしい。そんなことを話して待っていました。

そんななかで余罪が露見したのです。

そして私が逮捕される直前――ほんとに逮捕される一日前、Sが私の母と二人で面会にきてくれたときに約束したのです。自分の本当の気持を手紙に書いてくれと。

Sは頷きました。私が余罪事件のことを話したことで憤りを感じたようでしたが、確かに彼は頷いてくれました。

そしてSは約束を守ってくれたのです。

彼から初めて届いた手紙がそれでした。

ただ、余罪で私が逮捕されてからSの手紙が届くまでに、こちらから二通の手紙を書いています。一通目は接見禁止中のことで、私の母を介してSに手紙を渡してもらうために、裁判所に接見禁止の一部解除の申し立てをし、平成二十七年六月二十五日に手紙をSに交付することは許可されましたので私の母にその手紙を送りました。

私は弁護人にお願いをして母とこまめに連絡をとってもらっていましたので、弁護人から聞いていた母の話をすっかり信じ、余罪が露見したあとも息子たちとの仲は良好だと思っていたのです。ところが、私の息子たちはどうやら就職で遠方に行ってしまっていて、じつは私の母はSやKとずっと会っていなかったことをあとになって知りました。おそらく母は、私に余計な心配をさせたくなかったのでしょう。

そういう事情で、平成二十七年六月二十五日付で裁判所に許可をいただいて送った手紙は息子たちに届いていません。

この手紙は裁判所を通しているため謄写したものがありますので、のちほどその内容を記載いたします。

二通目は、接見禁止一部解除の申し立てをする際に、弁護人が職権でSの住所を調べて転居先を知ることができたので送った手紙です。発信したのは平成二十七年十二月中旬でした。そのときにはすでに接見禁止は解除されていました。
　ちなみに息子のＳも勘違いしていたようですが、弁護人が調べたのは住民票ですので、どうい
う生活をしているとか、そんなことまで知ったわけではありません。
　まずは私のこの二通の手紙をご覧ください。
　なお、二通目の手紙は下書きですのでご了承ください。

Ｓへ

　何をどう話せばよいのだろうと悩みに悩んで、けっきょく何よりもまず謝らなければならないことに気づきました。

　三年前の夏、Ｓがおばあちゃんと会いにきてくれた日のことを、父さんは決して忘れることができません。父さんが逮捕されることを話した瞬間、Ｓの顔に怒りが満ちたように見えました。Ｓは何もいわなかったけれども、おばあちゃんさえ怒ったくらいなのでＳも怒って当然だし、何をいわれても仕方ないのだと思っていました。

　警察が拘置所にきたのはあの前日、八月一日でした。Ｓたちが八月二日にきてくれることになっていたし、早ければ翌日に逮捕されるだろうと思ったので、とにかくＳたちに会わなければという一心で警察や検察の取調べ官に逮捕の日を延ばしてもらえるようお願いしました。それを聞き入れてもらえたのかどうか真実はいまだにわかりませんが、結果的に面会が叶う前の逮捕は免がれることができて、父さんが逮捕されることをＳたちに話したというわけです。話そうかどうか本当に悩んで、検事さんに相談したほどでしたが、なにはともあれ、いまとなっては報道で知る

よりよかったのかもしれないと思っています。

　本当に申しわけない。

　そんな軽いような言葉しか出てこないけれど、でも、それだけは伝えなければならないのだと思います。

　あの面会の日、Sの怒った顔を見て父さんは何を話せばいいのかわからなくなり、子供の前でみっともない涙を見せてしまいました。泣いたらいけないと思えば思うほど涙があふれてきて、KとSが母さんと初めて拘置所にきてくれたときのことや、Kが書いてくれた手紙のことなどが脳裏をよぎり、申しわけない気持とともに涙がとまりませんでした。

　裁判がまだはじまってもいないので事件について多くは語れませんが、これだけは信じてください。父さんは確かに事件を隠していたけれど、だからといって千種事件で嘘をついたということは決してないし、KやSたちに話した父さんの気持などもそれによって変わるものではありません。しかし、なぜ隠していたのかということは、やはり裁判がはじまっていないいまは話せません。裁判で明らかにするほうが早いとは思いますが、必ず説明するので待っていてください。

　隠していた事件が明るみに出たことで、さらに家族の肩身が狭くなっていると思うと胸が苦しくてたまりませんが、でも、これが正しいのだと思うし、被害者の方々にとってもよかったのだと、いまとなっては思います。それに、KやSに何も隠さず全てを話せるようになったことで、胸のつかえが取れたような感じもしています。

　事件についてはまだまだ報道されることが避けられませんが、当事者でさえ判然としないことが多い事件なので、ネットで流れることや関わったことのない人たちがいうことを決して気にしないでください。とくに千種事件は、当事者しか知らないことで明るみに出ていないことがたくさんあるし、裁判で認定されたことが決して真実とは限らないし、それが全てではありません。父さんと会ってくれたSならわかってくれると信じています。

面会後のKとSのことについては、弁護士さんからおばあちゃんに連絡をとってもらって大体のことは聞いています。ただ、やはり又聞きだとわからないことが多いというのが正直なところです。Kについては、いまどこに住んでいて何をしているのかさっぱりわかりません。

二人とも自分で納得して進んだ道のようなので心配ないとは思いますが、KもSも父さんと母さんの子なので（当然だけど）ね、良くもわるくも。だから、ずっと離ればなれで生活していても大体何を考えているのかわかるぶん、少なからず不安を感じてしまいます。そういうことがあるので、よければSとKの近況を手紙で知らせてもらえるとありがたいです。

いまはまだ手紙のやり取りまで許されていないので、おばあちゃんから弁護士さんへ送ってもらってもいいし、もちろんSが直接、弁護士さんに送ってもかまいません。できれば二人のケータイ番号を知りたいし、もしよければ弁護士さんにTELをしてもらえたらありがたいです。

まずは前向きに考えてください。

お願いします。

確かSの十七歳の誕生日に、弁護士さんにブックカバーを購入していただいて、それと一緒に本を何冊かおばあちゃんのところへ送ってもらいましたが、受け取ってもらえたでしょうか。

それと、数少ないSたちの幼少の写真と、父さんの若いときの（なかには母さんの若いときの写真も）写真も送ってSたちに渡してもらうようにしておきました。

なかなか写真を撮ってあげられなかったので、本当に貴重な幼少の写真です。大切にしてください。

最後に、いまいちばん辛い思いをしているのは、父さんの母親でありSたちの祖母でもあるおばあちゃんなのだと思います。もちろんSやほかの家族も辛い思いをしているのだとわかっていますが、おばあちゃんは自分のお腹を痛めて父さんを産んでくれたぶん、誰よりも辛いのだと思います。

そのおばあちゃんは、KとSのことが本当に心底大好きで、どの孫よりも可愛がっています。なのでSたちもおばあちゃんのことを大切に思って接してあげてください。Sたちの存在が父さんの心の支えになっていることは間違いないですが、Sたちのそういう気持でお父さんは正気を保って刑務作業をしているのだということを、よければ心にとめておいてください。お願いします。

こんどこそは、父さんに何があったのかということを決して誤魔化すことなく、少しずつでもSたちに語っていくつもりです。

それでは、仕事がんばってください。

父さんより
精一杯の真心をこめて
平成二十七年六月十一日

発信・次男へ　二通目

罪の責任を背負っていく

2015年12月中旬

直接手紙を送ったことを今回だけは許してください。

本当はお祖母ちゃんを介して手紙を渡さなければいけなかったのかもしれませんが、確実にSへ伝えなければいけない内容なので、万一お祖母ちゃんのところで手紙が止まってはいけないと思い、父さんの名前を伏せて送ることにしました。

父さんは十月二十九日まで接見禁止だったわけですが、今年の六月になんとかSとKへ手紙を書きたいと思い、手紙を発信できるように裁判所にお願いをしました。お祖母ちゃんのところへ送ってSに渡してもらえるようにしておきましたが、受け取ってくれたでしょうか。もし受け取っていないようなら、お祖母ちゃんから受け取ってください。

その手紙を書いたときは裁判の前だったので、なぜ事件のことを隠していたのかを書けませんでしたが、ようやくその裁判も終わって話せるようになったので、その説明をしようと手紙を書くことにしました。もしかするとすでに知っているかもしれませんが、とりあえず父さんの言いぶんを聞いてやってください。

父さんは、発覚した事件について自首しようとしたことがないわけではありませんでした。いま受刑中の事件の捜査のときに、話したほうがいいのかもしれないと思っていましたが、話すきっかけがなかなかなくて、けっきょく話せないままずるずると日にちが経っていってしまいました。その後、Sたちも知っているとおり、父さんは謝るために母さんへ手紙を送り、それをきっかけにSたちと会えるようになりました、そのとき父さんのなかで、今回発覚した事件について警察に自分から話そうかどうかの迷いが生じました。少しわかりにくいかもしれませんが、Sたちと会う前は、話そうという気持のほうが若干強かった感じで、ばれなければそれでいいというような気持でもありました。

しかし、Sたちが会いにきてくれるようになってから、もうSたちに嫌な思いをさせたくないという気持と、事件のことを話してしまうとSたちが会いにきてくれなくなるかもしれないという怖さのような気持を持ちはじめ、他方で、事件のことをこのまま胸にしまっておくことのほうが罪なのかもしれないという気もしていました。ことわっておきますが、話さなかったことをSたちのせいにしているわけではありません。

その後にKから手紙が届きました。Sが面会にきてくれているとき、手紙にそのことは書いたと思います。

この手紙を読んだとき、父さんは今回発覚した事件について隠し通そうと決心しました。、絶対にSとKに悲しい思いをさせられないと思いました。

何を書いてもいいわけにしかならないし、万一この手紙を他人に見られでもしたら大変なのでこれ以上は事件について書きません。

Sたちにはほんとに悪いことをしたと思って毎日毎日くやしい思いをしているので、せめて謝らせてください。

いろいろと黙っていてごめん。

父さんはSたちに悪いことをしたと心底、後悔しています。すみませんでした。

話は変わりますが、父さんはKにも手紙を書きたいと思っています。

しかし、どうやらKは転居をくり返しているようで、弁護士さんが調べたところによると、直近の住所は○○区○○町ということでしたが、まだそこに住んでいるのかどうかという確認が取れないままでいます。

もちろん父さんの名前を伏せて手紙を出すつもりでいますが、もうそこに住んでいないという可能性も考えられるので困っています。

そこで、もしよければいまでもそこに住んでいるのかどうかを教えてもらえないでしょうか。住所が変わっていれば新しい住所を教えてください。

もし父さんに手紙を書きにくいようだったら、Sたちの叔父さんの電話番号を書いておくので、叔父さんに伝えてくれてもかまいません。Sのことがわかるように話はしておきます。

それから、たぶんネットや報道で父さんのことや事件のことが無責任に流されていると思われますが、前のときにも話してきたとおり、気にしないでください。いや、気になるかもしれないけど、確かなことかどうかをしっかり見極めるようにしてください。自分の目で間違いなく見たこと、自分の耳で間違いなく聞いたことだけを信じてください。決して人に流されないでください。

そして、最後に面会についてですが、Sたちが父さんのことをどう思っているのかいまのところわからないけども、父さんはSとKに会って謝りたいし、二人がいまどういう生活をしているのかという近況も知りたいと思っているので、なかなか平日に時間をつくるのは難しいと思うけど、いちど二人で面会にきてもらえないでしょうか。お願いします。

できるなら父さんは、これから少しずつでも何があってこういう結果になったのかということについて、SとKに話していくつもりでいます。

もう隠していることはないので、誤魔化すことなく本当のことを語っていくつもりでいます。

本当に悪かった。

つらい思いをさせてほんとに悪かった。

これから父さんは自分の犯した罪の責任をしっかりと背負っていくつもりでいます。

それでは連絡を待っています。

父さんより

この二通目の手紙を書いてから、約一ヶ月後の平成二十八年一月二十日（水）の夕方にSから手紙が届きました。

手紙が私の居室に届いたとき、封筒に差出人の名前も住所も書かれていなかったので誰からだろうかと一瞬だけ考えましたが、すぐにSからかもしれないと思いました。その時点で、もう手紙を見るのが怖かったです。もし本当にSからだとしたら、もしかすると私のことを全否定するようなことが書かれているかもしれないと思い、とても怖かったです。

そしておそるおそる――ほんとに恐る恐る手紙を封筒から取り出して最初の二、三行を目で追うと、やはりそれはSからの手紙で、そうだとわかった瞬間に、私は手紙を封筒の中に戻してしまいました。

読めませんでした。やはり恐かったです。

読みたい気持はありましたが、拒絶という言葉が頭から離れず、どうしても封筒から手紙を出せませんでした。

そしてとうとうその日は手紙を読むことなく就寝し、翌日の日中も手紙に触らず、作業が終わって仮就寝の放送が入ってから——つまり手紙が届いてから丸一日経ってから、ようやく決心したのです。何が書いてあっても、Sの気持ちを受け止めようと。たとえ拒絶されるようなことが書いてあったとしても、それも重大な罪の結果のひとつなのだと。

そう思って手紙を読みはじめたとき、文章のひとつひとつが突き刺さってくるような感じで、想像以上にその言葉が胸に痛く、そして重く、読み進めるのも怖かったです。怖さを感じながら、Sと面会を重ねていたときの彼の気持や事情をすっかり納得し、やはり拒絶か……と、残念というか、寂しいというか、悲しいというか、そんな気持もあり、とても複雑な心境だったことをいまも鮮明に覚えています。

しかしSは私のことを拒絶しませんでしたし、全否定したわけでもありませんでした。むしろ彼は、自分がすべてを背負ってやるといっているのです。

そして最後に、面会に行くまで生きてて下さいと書いてあり、長男であるKの転居先までわざわざ確認して書いてくれました。それはつまり、Kも私のことを全否定はしていないということです。私はそう思っています。

これで泣かない人なんかいるでしょうか。

長男のKから届いた手紙には、

「父さんのこと好きだから。Sもたぶんそう思ってる」

私はその言葉を思い出してさらに涙があふれ出し、洟をすすっていました。

Sの気持ちを考えれば、もしかすると私から手紙は書かないほうがよかったのかもしれません。彼に余計なことを考えさせてしまっただけだとしたなら、ほんとに申しわけないです。

現在のところKから手紙はなく、二人との面会も叶っていませんが、しかし、こんな私でも親だと思ってくれていることを知ったいま、いつかきっと息子たちが面会にきてくれると信じています。Sの言葉を信じています。Sのためにも信じなければいけません。

ずっと、ずっと、いつまでも私はSを信じてまっています。

終

編集部より

『鎮魂歌《レクイエム》』は現在上告審中で名古屋拘置所在監の死刑囚・堀慶末さんが、二〇一七年、第一三回「死刑廃止のための大道寺幸子・赤堀政夫基金死刑囚表現展」に応募し、特別賞を受賞した作品である。

本書の成立過程を記しておく。第一部は二〇一六年に執筆され、「破滅」というタイトルで死刑囚表現展に応募しようとしたが、名古屋拘置所当局が発送を遅らせ、締切に間に合わなかった。翌一七年に「来信　私に届いた90の手紙」を完成させ、それを第二部として第一部と合わせて『鎮魂歌《レクイエム》』として応募したのである。

私（インパクト出版会代表であり、死刑廃止のための大道寺幸子・赤堀政夫基金の運営委員でもある深田卓）は一七年初めから本書の出版の準備をしていたが、第二部を構成する手紙の選択作業、そして〇八年三月から八月末まで著者との信書の発受信がまったくできなくなったこと（それはちょうどオウム真理教死刑囚が名古屋拘置所へ移送され執行されるまでの時間と重なる）により、出版は大幅に遅れ、一九年五月刊行となった。そして翌六月一四日には著者が一、二審で死刑判決を受けている二つの事件の最高裁弁論が予定されており、通常、弁論の一、二カ月後には最高裁の判断が示される。

ここで「死刑廃止のための大道寺幸子・赤堀政夫基金表現展」について説明しておきたい。この基金は死刑囚の母として多くの獄中者を力づけ、死刑制度を問い続けてきた大道寺幸子さん（二〇〇四年五月没）の遺志を生かすため、遺された預金を元に二〇〇五年に「死刑廃止のための大道寺幸子基金」として創設された。これまで死刑囚の再審支援金の補助、死刑囚の表現作品の公募と作品への講評、作品展の開催と優秀作品の顕彰という活動を続けている。それは死刑囚が執行の日まで生きている死者として人生を捨てるのではなく、表現することによってこれまでの自分や犯した事件を見つめ直し、最期まで人として生きてほしい、同時に描かれた絵画や文章作品をとおして死刑囚の存在そのものを社会に知らせ、彼らが残酷な事件の加害者であっても私たちと違わぬ人間であることを感じて欲しい、そうした思いをこめて基金の活動は一五年間続いてきた。

死刑囚への作品公募は毎年七月末を締切とし、九月中旬に選考委員会が開かれる。選考委員は、池田浩士（ドイツ文学、京都大学名誉教授）、加賀乙彦（作家）、香山リカ（精神科医、評論家）、川村湊（文芸評論家）、北川フラム（アートディレクター）、坂上香（映像ジャーナリスト）、太田昌国（民族問題研究・編集者）の七名。この選考会の議論はテープを起こし応募死刑囚たちに差し入れているので、選考委員の講評を応募者は受け止め、次年度の作品に生かしていく。

また一〇月一〇日の世界死刑廃止デー前後に開催される「死刑廃止国際条約の批准を求めるフォーラム90」主催の「響かせあおう死刑廃止の声」という集会で、公開の講評を行い、その年度に応募された絵画作品はすべて展示する。

当初、一〇年の期限で始めたこの基金も、二〇一五年から冤罪事件の元死刑囚・赤堀政夫さんからの資金提供も受け、「死刑廃止のための大道寺幸子・赤堀政夫基金」と名称を変えて活動を続けている。

◎**選考会での講評**

この作品はどのように選考会で議論されたのか。選考委員会の記録を掲載する（川村湊選考委員は、この年は欠席）。

太田　堀慶末さん、「鎮魂歌《レクイエム》」です。この第一部は、昨年名古屋拘置所で原稿が止められて、本当は昨年の応募作品だったのが間に合わなかった。それで今年の応募作品になりました。今まで氷室さんとか星さんとかのペンネームで、長編を送られてきました。

加賀　これ、僕はすごい人だなと思いますけど。自分の生い立ちと、犯罪歴を淡々と語っている。文章は平凡だがまとまっている。その淡々とした記述に、金にまみれ命を大切にしない男の姿が現れてくる。いろいろな女と同棲するが、それは愛のためではないときちんと断っている。そして、出てくる生活は、お金の浪費、他人の女を使う、女を盗む、それを平気でやる悪人なのである。殺人、盗み、約束違反、監禁、そして殺人、また殺人、人を殺すことを平気で語る口の悪さ。ところが最後にきて、いまの出来事が全部ひっくり返る。それは、あるシスターからの手紙があって、そして母からの手紙があって、本人がだんだん人間としての存在を考えるようになっていく。その部分はすごくいいです。一番最後は。その前がね、ちょっと読めないくらい残酷なんです。そして、残酷の部分を取ってしまうと、この人、素晴らしい。だって、シスターの手紙と母の手紙、いいじゃないですか。

池田　手紙はすごくいい。本当に。

加賀　どうしてこういう物語を書く人が、ああいう手紙を書けるの。

太田　あの手紙はフィクションじゃないのではないですか。

加賀　フィクションじゃない？

太田　実際にきた手紙を写し取っているんだと思います。

池田　僕は、加賀さんがおっしゃったことが、この人の作品を表していると思って。僕はひとつ気になるのは、この手紙をここで発表する許可を得ているんですかね？　許可を得ていたら、僕は他の人たちからの手紙も含めてひとつの作品として本にすべきだと思う。この作者はすごいと思う。

加賀　手紙はすごくいいですよ。

池田　以前にペンネームでいい作品を書いていましたよね。その時に僕は、この人は自分のやったこととときちんと向き合う作品を書いて、しかもそれがいい作品だったら、それは例えば「フォーラム大賞」のような名前の賞でしか、作品に対して評価出来ないなと思うぐらい、本当に書いてほしいと思っていました。ある時に冒頭だけを書いてきましたよね。すぐに中断して、その時に、ああこの人は自分のことは書けないんだと思ったんです。でも、ちゃんと書いたというのは、これはすごい作品だと僕は思います。で、加賀さんが言われたような冷酷さと、文字どおりこれだけのことをやった人が……

加賀　やった人が、こんな文章を書けるのか。

池田　フィクションを読んだ時に感じたことですが、この人は、女友達にしても、悪連れに対しても、そういう人をよく見ていて、彼は周りの人のことを温かい表現で書いていた。そういうことが描けたのはなんでかというのが、今回わかった気がします。こんな手紙をくれる人が彼の周りに実際にいた、だから、僕はこの人がやったことがどうのこうのよりも、この人の生きてきたプロセスを考えさせられます。本当にこの人は一生懸命生きてきたんだなということが実感できて、感動しました。

加賀　つまり、お金と殺人と盗みと約束違反しかない。

池田　人間としてやってはいけないことばかりやってきたわけですから。

加賀　しかし、神様を信じるようになったらガラッと変わっちゃった。

池田　僕は、神様ではなくて、自分を見つめるようになったからではないかと感じます。それだけではなく、彼が何であぁいうことをやってしまったのかということを、この作品を読んで僕なりに理解できたような気がします。

加賀　駄目な人間が最後に反転するわけ。

池田　フィクションを書いた時から、やはり自分を見詰め始めたのではないかなと、この作品を読んで思いました。この人にとって、書くということが、すごくよかったと。

加賀　書くということには力があるんだ。

池田　まったくそうだと思う。

香山　でも、そんな冷酷な人だけれど、これほどみんなが手紙をくれるということは、逆に言えば何かいいところというか、憎みきれない点があったんじゃないですか、元もとね。

池田　とてもいいじゃないですか、フィクションに出てきた友だちでも、「七日間の灼熱ドライブ」（二〇一〇年応募作）でも、周りの人間がとてもすばらしい、しかも生きた人間として描かれていますよね。あんなことがフィクションとして書けるのはすごいと思っていたけれども、今回あらためて大ファンになりました。

加賀　この手紙の部分だけで一冊の本になる。

池田　僕は合わせて本にしてほしいなと思う。

香山　全部本当なんですか、子どもからきたものも？

池田　子どももすごいよね。

太田　これが創作だとは思えなかったな。

加賀　すごくいい手紙なんですよ。

池田　人間関係というか、どういう人と一緒に生きてきたかというのが。

香山　逆に、いい人と一緒に生きてきたのに、なぜこんな結果に……。

池田　やっぱり彼が育ってきた環境というのは、あれしかなかった。

加賀　シスターWという方に許可を得る必要があると思う。

香山　子どもだってそうですよ。別の人生を生きてるのに。

加賀　シスターは平凡なことを言っているだけなんだけれど、その平凡なことに自分が気がつくわけ。その経過がすごくよく出ている。そんなふうに自分を見たことがなかったことがね。

坂上　たぶん許可はもらっていないんじゃないですか。これはある種のドキュメンタリーじゃないですか。私はノンフィクションとして読んだんですけれど、事実はすさまじいですよ。

加賀　逆に言うとね、この悪の塊みたいな人たちの部分は、またすごく独創性がある。でも、一応今のところ一番最後の手紙の部分は、「死刑囚への手紙」という本を出してあげたい。

坂上　死刑囚への手紙をあのまま載せるんですか？

太田　彼の手紙はほとんどないから。作品評価とは関係ないですが、一回目と二回目の事件でなんで捕まらなかったのか。

加賀　人間ってこんなものなんだろうと思う。つまり、今の日本の文学に欠けているのはこういう小説がないんです。みんな考えすぎなのが多い。

池田　小説と言っていいかは。

加賀　小説の話はともかく、これはいいと思う。

坂上　前にも書いておられたというのは、今の話をうかがってつながったんですが。本当は作品は作品として読まなければならないと思うし、今までは事件のことは調べたりせずに切り離して考えようとしてきたんですけど、これは、つい最近ネット番組でも登場していた被害者遺族の事件ですね。今もすごく苦しんでらっしゃる方だし、それを見ている時にちょうどこれを読んでいたので、すごく苦しかったですね。読み終わるのにものすごく時間がかかったし、作品では正に淡々と書かれている。

加賀　気味が悪いくらい。

坂上　だから、なんでそんなことができるわけ、と叫びながら読んだり。

加賀　人を裏切るわけでしょう。

坂上　それで、一番最後の子どもの手紙なんて、なんとも言えないですよね、彼らの気持ちを考えたら。本人はこういうものを出してしまっていいのだろうか。許可もとっていないとすると、本当に子どもの気持ちをわかっていない、そこらへんがなんて言うのか、こういうものを出してしまえる神経というか、逆にものすごく葛藤しながら私は読みました。ここまで書けたのは素晴らしいと思うし、たぶん結果的には賞をとるだろうと思ったし。だからこれだけのものを出してきたという一方で、すごく私は葛藤しました。

池田　それはおっしゃるとおりだと思います。僕は、やはり書くというのはそういうことでいいと思う。

香山　そもそも「鎮魂歌」って、誰に対するレクイエムなんだろう。

坂上　自分なんじゃないの？

香山　私もそう思うんです。

坂上　被害者に対してはそこまで思っていない。そこまではわからない。

池田　そうか、自分に対するものなのか。

坂上　これを世に出す時には、いろいろと配慮して出してほしいと思います。

（二〇一七年九月一一日）

◎著者について

著者の堀慶末さんは二〇〇七年八月の闇サイト事件で逮捕され、〇九年三月一八日、名古屋地裁（近藤宏子裁判長）で死刑判決、一一年四月一二日、名古屋高裁（下山保男裁判長）で無期懲役に減刑、一二年七月一一日、最高裁（千葉勝美裁判長）で無期懲役が確定。その後、碧南事件、守山事件で再逮捕され、一五年一二月一五日、名古屋地裁（景山太郎裁判長）で死刑判決、一六年一一月八日、名古屋高裁（山口裕之裁判長）で控訴棄却・死刑判決、現在最高裁に係属しており、今年二〇一九年六月一四日に最高裁で弁論が行われる予定だ。

つまり、現在は無期懲役の受刑者であり、余罪で一、二審死刑判決を受け、上告審の判断を待つ身である。

彼はこれまで以下の作品を死刑囚表現展に応募している。

「七日間の灼熱ドライブ」（筆名・星彩）二〇一〇年、奨励賞受賞
「メモリーず」（筆名・星彩）二〇一一年、奨励賞受賞
「硝子の破片は久遠の哀しみ」（筆名・氷室漣司）二〇一二年、優秀賞受賞
「沈黙と曙光の向こうがわ」（筆名・氷室漣司）二〇一三年
「爪痕——沈黙と曙光の向こう側」（筆名・氷室漣司）二〇一四年
「鎮魂歌」（堀慶末）二〇一七年、特別賞

「鎮魂歌」までの五編はフィクションの形を取った作品であり、今回が初めて実名で自分の事件に向き合って書いたノンフィクションである。

最後に、この本の著者あとがきに代えて、「ずるい」というエッセイ（未発表）のなかのごく一部を引いておく。自分の起こした事件のことはいろんな意味で書けないから、せめて違うかた

ちでその罪を表現しようと、現実に自分がしてしまった罪を埋め込んだフィクションを書いてきたが、これからはきちんと自分と向き合ったものを書こうと思った、と記したあとに以下の文章が続く。

二〇一四年に渋谷で死刑囚絵画展が行われ、表現展で集まった絵画作品を展示したようなのだけれども、来場者の方のアンケートのなかに「ずるいと思う」という言葉があったということを僕は知った。あれはちょっと、こたえた。

そのとき僕はすでに文章一本に絞っていましたが、考えてみれば、それは僕もいわれているのと何も変らない。つまり罪を犯したものが絵を描き文章を書く、そのことに「ずるさ」を感じるに違いない。僕も感覚的にわからないわけではない。

ただ、社会の人が思っているほど、僕らがやっていることは楽ではないかもしれない。僕のように書き散らしているだけなら楽かもしれないけど、文章作品にしろ、絵画作品にしろ、死刑囚が独房のなかで何かを創作するということは、それはもう自分のいのちを削りながら自分自身と向き合うことになるから、そんなにつらいこともないのかもしれない。

僕は表現展に応募された文章作品をすべて読むことはできない。なかには書籍化されているものもあるので、そういうものは読むようにしている。絵画作品はパンフレットなどに掲載されたものしか見ることができないけれども、僕はその文章作品も絵画作品も、その人なりに自分のなかの何かと向き合っているように感じる。ただ単に書きたいものを書いて楽しんでいるようにはとても思えない。

それでも「ずるい」と感じるなら、それはもうどうしようもない。僕らは表現を続けるかぎりそのもんだいから逃げることはできない。そして、そういう言葉に耐えられるような作品を書かなければいけないと、僕は思った。それが、僕の書く姿勢を変えたもうひとつの理由だった。

伝わらない人には、たぶん何を書いても伝わらない。でも、伝えようとして書かなければ、伝わるものも伝わらない。僕らは「ずるい」という言葉から学んだことを忘れずに、きちんと何かに向き合ったものを書くべきだと思った。

それは、表現展に応募を続けてようやく学んだことでもあった。それから僕は表現展に応募する際に本名を使うようになった。それは、自分自身と向き合うものを書いたなら、筆名にする意味がないと思ったからだった。

闇サイト事件で一審で死刑判決を受け控訴を自ら取下げ死刑を確定させた神田司さんは二〇一五年六月二五日、名古屋拘置所で死刑を執行された。死刑廃止国際条約の批准を求めるフォーラム90が二〇一一年に行った確定死刑囚アンケートに彼は次のように応えている。「私は、人殺しですが鬼ではなく人間です。それだけは忘れないで下さい」と。

生まれながらの悪人はいない。さまざまな社会的な要因や自分の弱さから事件を起こすところへ堕ちていく。

堀慶末さんは金銭目的で三件の重大事件を起こした。逮捕されてから獄中で文章を書き、初めて自分に向き合い始めた。不十分ではあれ、事件までの自分自身を捉え返し、罪の大きさに押しつぶされそうになりながら、書くことを通して贖罪を模索し続けている。こうした作業を出版することが、事件を再生産する社会を変えていくことにつながるだろう。そして死刑という不条理な制度について考えるひとつの端緒になるに違いない。

（編集部・深田卓）

二〇一九年五月

堀慶末（ほりよしとも）
1975年岐阜県生まれ。
1998年6月28日　碧南市夫婦強盗殺人事件を起こす
2006年7月20日　守山強盗傷害事件を起こす
2007年8月24-25日　闇サイト事件を起こす
2009年3月18日　闇サイト事件で名古屋地裁で死刑判決
2011年4月12日　名古屋高裁で無期懲役に減刑
2012年7月11日　最高裁で無期懲役確定
2015年12月15日　碧南事件・守山事件で名古屋地裁で死刑判決
2016年11月8日　名古屋高裁で控訴棄却・死刑判決

鎮魂歌《レクイエム》

2019年 5月25日　第1刷発行

著　者　堀　慶　末
発行人　深　田　卓
装幀者　宗　利　淳　一
発　行　インパクト出版会
〒113-0033　東京都文京区本郷2-5-11　服部ビル2F
Tel 03-3818-7576　Fax 03-3818-8676
E-mail：impact@jca.apc.org
http://impact-shuppankai.com/
郵便振替　00110-9-83148

モリモト印刷